"十三五"职业教育系列教材

机械产品造型与综合技能训练习题集

JIXIE CHANPIN ZAOXING YU ZONGHE JINENG XUNLIAN XITIJI

主　编　杨小军
副主编　张四军　王　娟　陈　怡
参　编　王　芹　梁　璐　于淑静
主　审　及秀琴

中国电力出版社
CHINA ELECTRIC POWER PRESS

内 容 提 要

主要内容包括工作过程导入、制图标准与基本技能、零件图投影与视图、叉架类零件、轴类零件、盘盖类零件、箱体类零件等项目的配套练习。全书采用我国最新颁布的《技术制图》和《机械制图》国家标准及与制图有关的其他国家标准。本书与《"十三五"职业教育规划教材　机械产品造型与综合技能训练》配套使用。

本书可作为高职高专院校相关专业的配套习题集，也可供工程技术人员参考使用。

图书在版编目(CIP)数据

机械产品造型与综合技能训练习题集/杨小军主编．—北京：中国电力出版社，2016.6（2022.9重印）

"十三五"职业教育规划教材

ISBN 978-7-5123-9026-3

Ⅰ.①机…　Ⅱ.①杨…　Ⅲ.①机械设计-产品设计-职业教育-教材　Ⅳ.①TH122

中国版本图书馆CIP数据核字(2016)第045156号

"十三五"职业教育规划教材　机械产品造型与综合技能训练习题集

中国电力出版社出版、发行　　三河市航远印刷有限公司印刷　　各地新华书店经售

(北京市东城区北京站西街19号　100005　http://www.cepp.sgcc.com.cn)

2016年6月第一版　　2022年9月北京第二次印刷

787毫米×1092毫米　横16开本　10印张　124千字　　定价**20.00**元

前　言

机械产品造型与综合技能训练是以工程制图、计算机绘图、公差与测量、制图测绘、金工基础等课程为基础建立起来的一门技术基础课。它主要研究绘制和阅读工程图样的原理和方法、公差与测量技术、计算机辅助绘图、计算机产品造型技术、机械加工基础等知识。

本书内容选取的总原则是：理论知识以必需、够用为度，教学内容体现职业性。教学内容应针对职业岗位群的知识技能需求、国家职业资格标准及后续课程的学习要求，同时教学内容还应该具有一定的适用性，有助于培养学生的职业素质、专业能力、学习能力、工作态度和质量意识。学生对知识的掌握更加全面，更加贴合实际工作情况，更有利于将来的工作就业。

本书与杨小军主编的《“十三五”职业教育规划教材　机械产品造型与综合技能训练》配套使用，其内容编排与主教材基本一致。

本书由连云港职业技术学院杨小军任主编，张四军、王娟、陈怡任副主编，由及秀琴教授主审。其中，杨小军主要负责项目1～3的编写，张四军负责项目4～7的编写，王娟、陈怡、王芹、梁璐、于淑静负责资料的搜集与整理。

由于编者水平所限，书中难免有所疏漏，恳请广大读者批评指正。

编　者

2016.1

目　录

项目1 工作过程导入

1. 填空。	2. 通过参观或查阅资料回答下面问题。
(1) 机械产品造型与综合技能训练是培养高级工程技术应用型人才的一门必修的技术基础课。它研究________、______、______、______、________等知识。同时，它又是学生学习后继课程，完成课程设计和毕业设计不可缺少的基础。	(1) 在工厂中常见到有哪些加工设备？
(2) 本课程的职业目标是：______、______，另外为______（普通车工、普通铣工、钳工、装配工等）奠定基础。	(2) 工件加工的依据是什么？
(3) 本课程需要培养学生的四种能力：______、______、______、______。	(3) 机械加工工人的工种有哪些？
(4) 本课程学习中需要注意的几个问题有：______、______、______、______、______。	(4) 常见的典型零件有哪些类型？
(5) 一张完整的装配图应包括：______、______、______、______。	
(6) 一张完整的零件图应包括：______、______、______、______。	

班级		姓名		学号		成绩	

1. 字体练习。

机	电	工	程	系	模	具	数	控	材	料	备	注
尺	寸	公	差	形	状	位	置	度	明	细	栏	中
a	b	c	d	e	f	g	h	i	j	k	l	m
n	o	p	q	r	s	t	u	v	w	x	y	z
A	B	C	D	E	F	G	H	I	J	K	L	M
N	O	P	Q	R	S	T	U	V	W	X	Y	Z
1	2	3	4	5	6	7	8	9	0			

2. 按线型要求抄画图形。

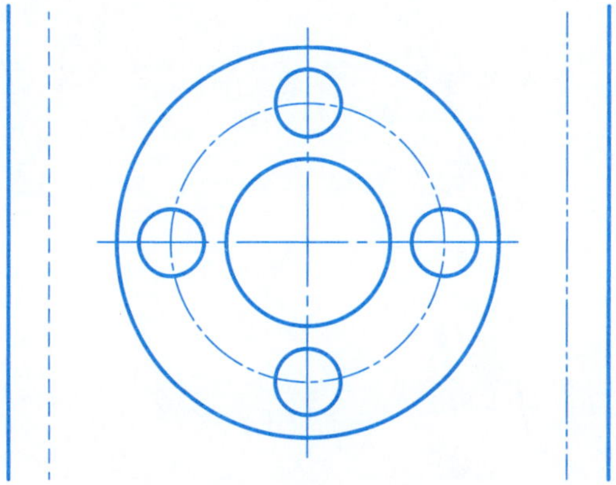

班级		姓名		学号		成绩	

3. 标注下列图形的尺寸（数值从图中量取，取整数）。

(1)

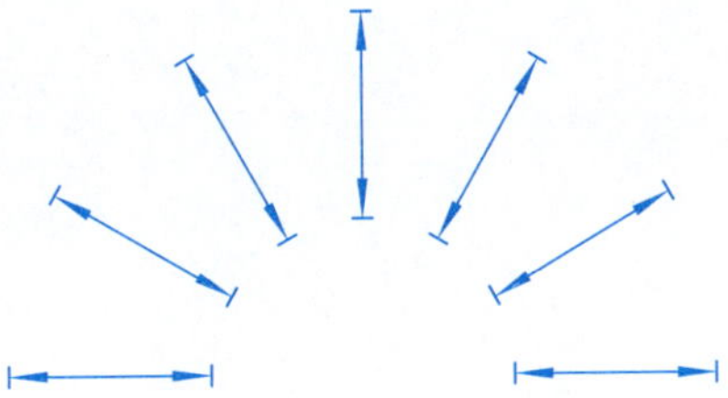

(3)

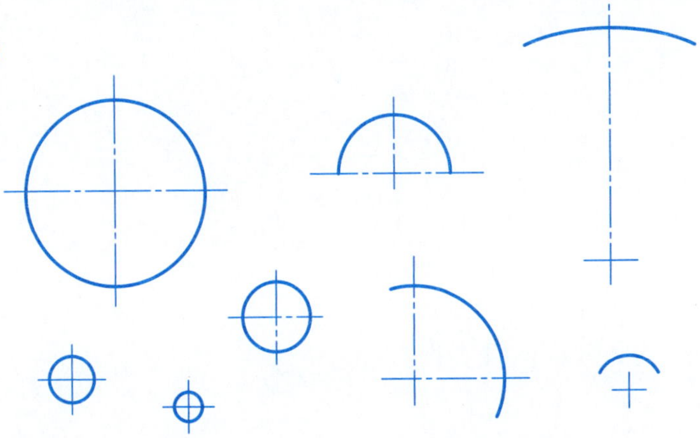

(2)

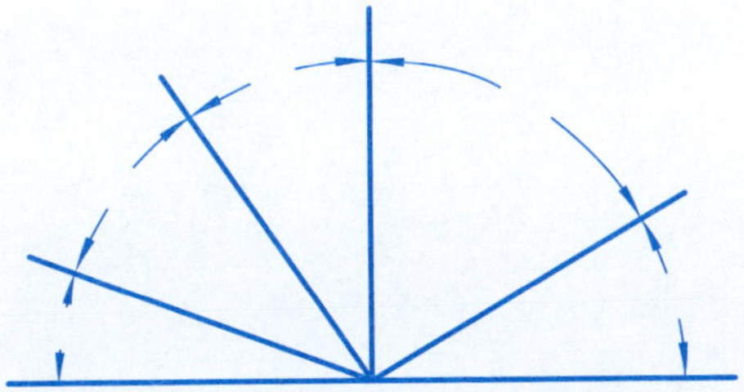

(4)

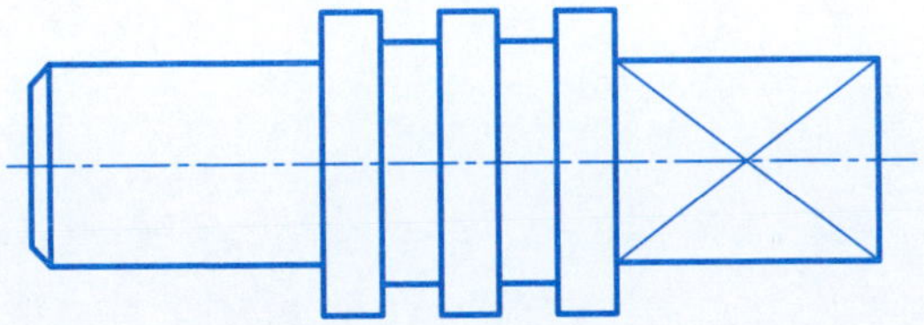

班级		姓名		学号		成绩	

4. 找出图形中尺寸标注的错误，并在下图上作正确标注。

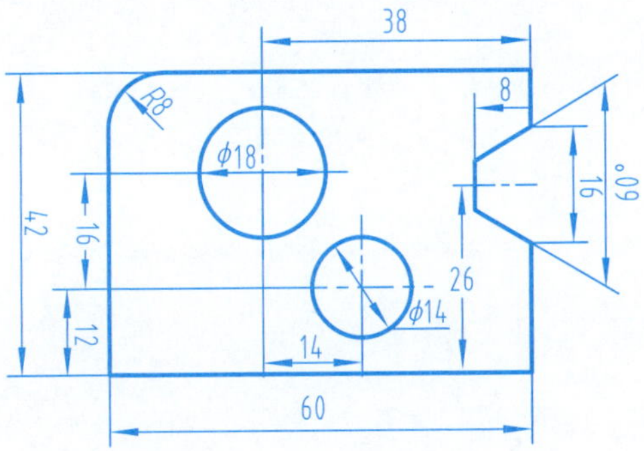

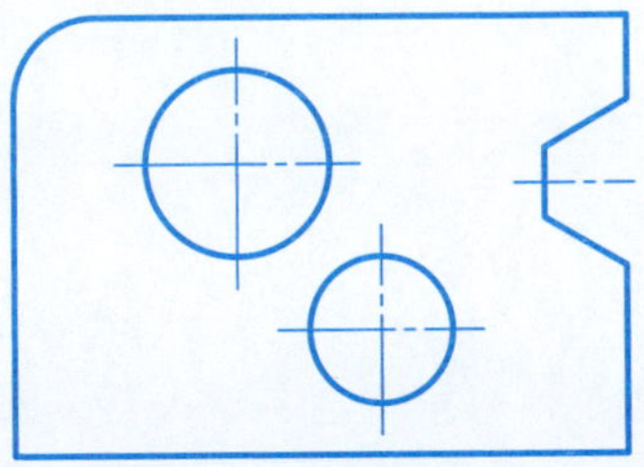

5. 标注图形的尺寸（数值从图中量取，取整数，共7个尺寸）。

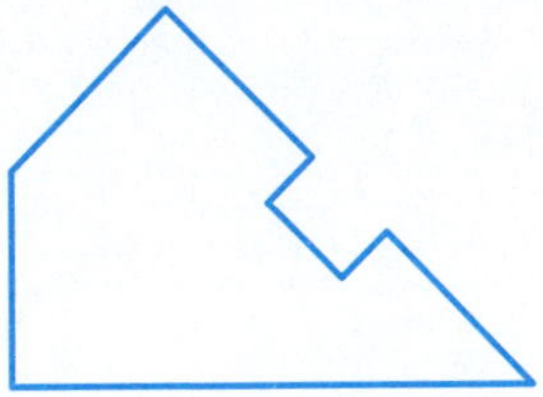

6. 标注图形的尺寸（数值从图中量取，取整数，共9个尺寸）。

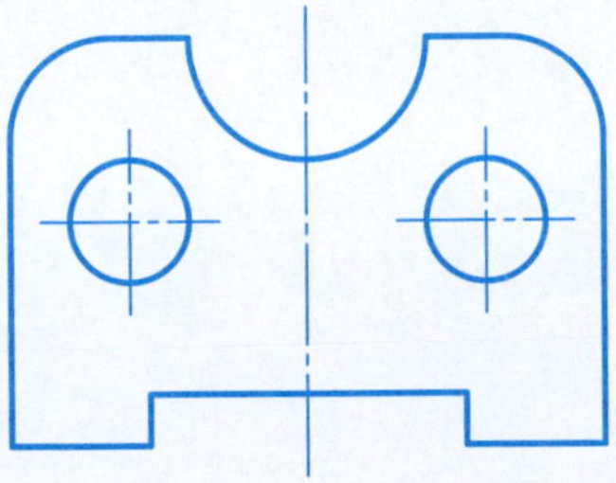

班级		姓名		学号		成绩	

1. 将线段*AB*进行七等分。

3. 作圆内接正六边形。

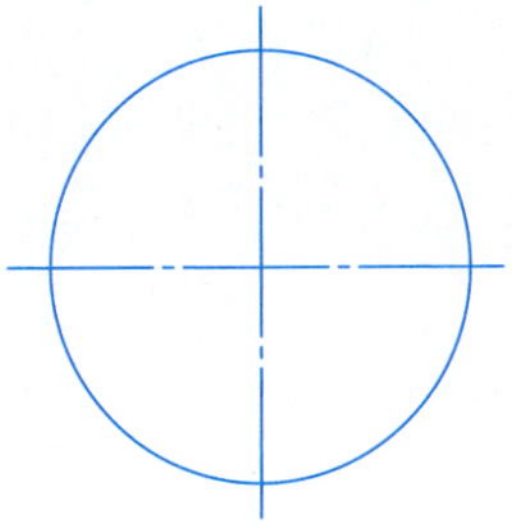

2. 作圆外内接正五边形。

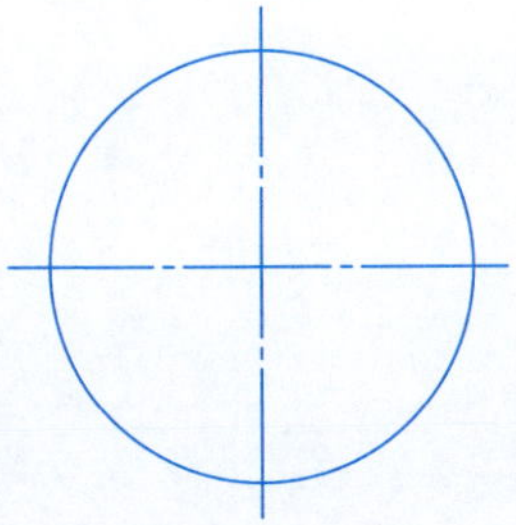

4. 作圆内接正七边形。

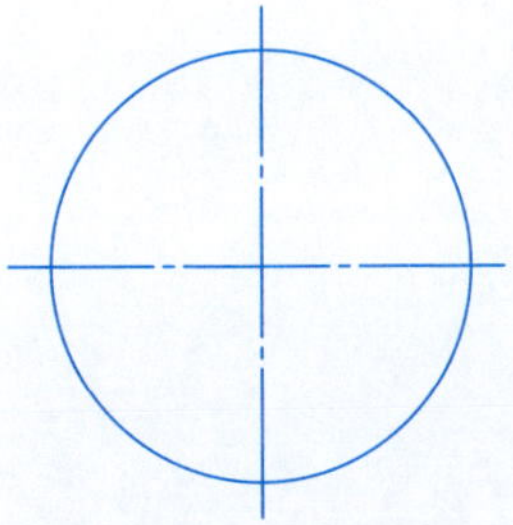

班级		姓名		学号		成绩	

5. 斜度练习。

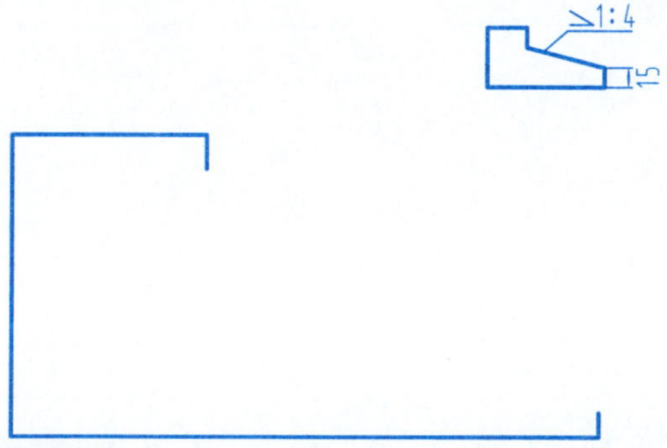

7. 过P点作圆的切线。

6. 锥度练习。

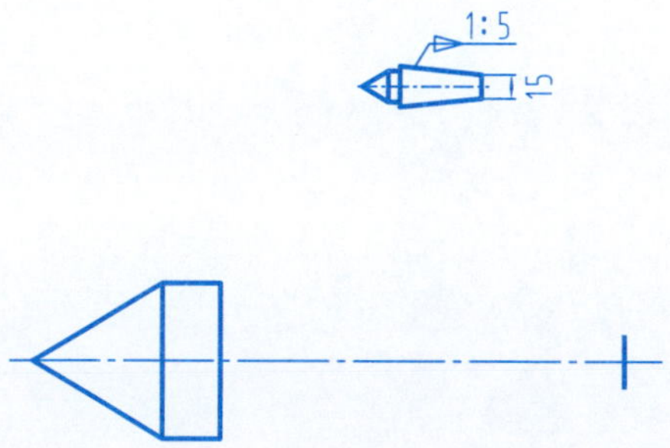

8. 作两圆的内、外公切线（4条）。

班级		姓名		学号		成绩	

9. 用半径为R的圆弧光滑的连接线段L_1和L_2。

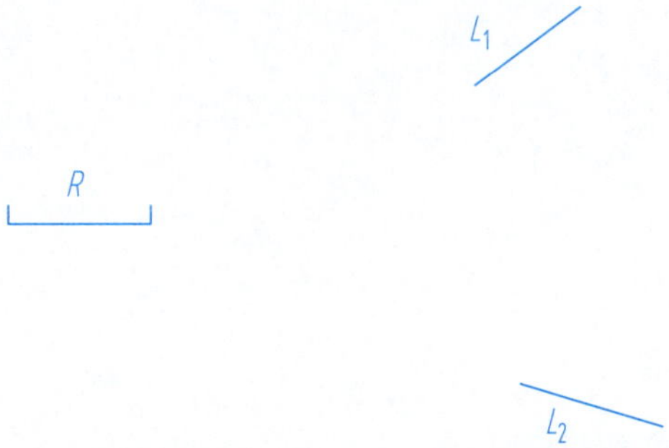

10. 用半径为R的圆弧光滑的连接线段L_1和圆弧O_1。

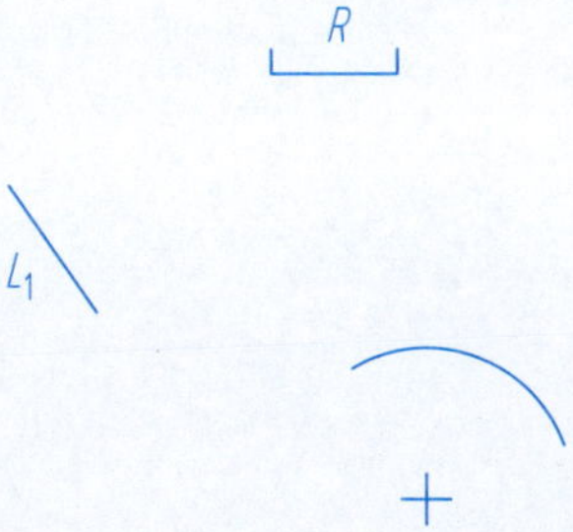

11. 用半径为R的圆弧光滑的连接圆弧O_1和O_2（外切）。

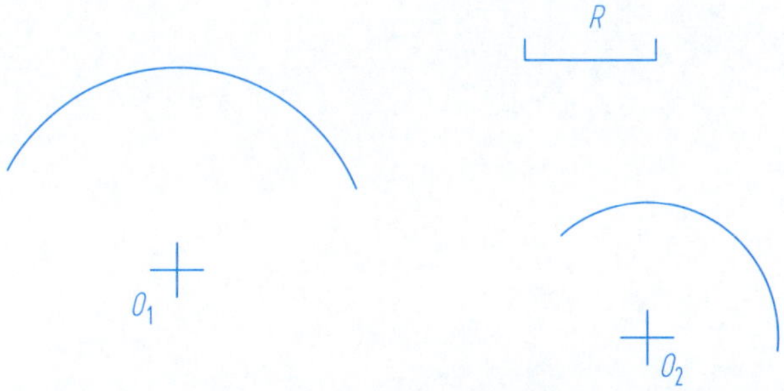

12. 用半径为R的圆弧光滑的连接圆弧O_1和O_2（内切）。

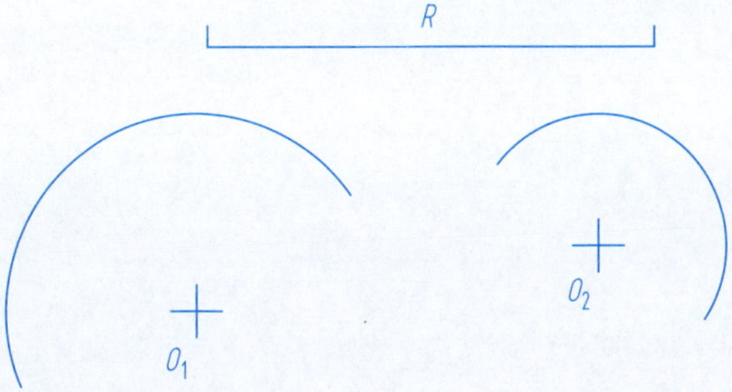

班级		姓名		学号		成绩	

13. 用半径为R的圆弧光滑的连接圆弧O_1和O_2（混合切）。

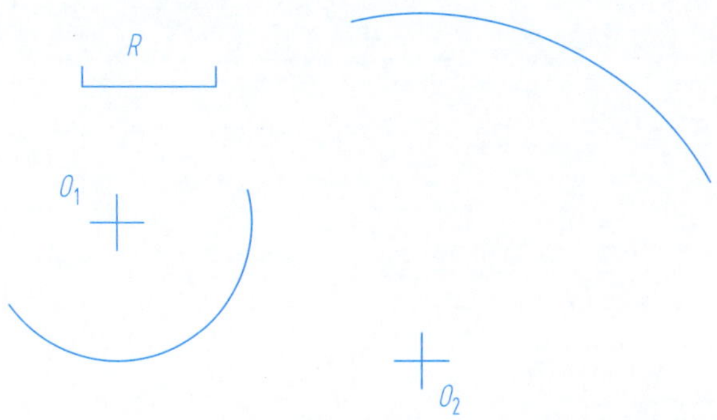

15. 按图例补全图形。

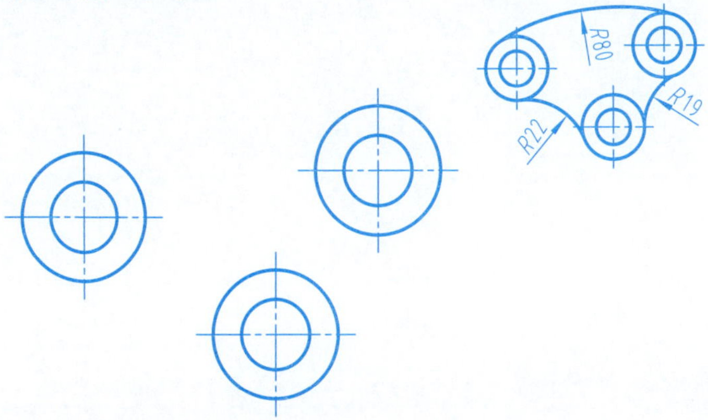

14. 按图例补全图形。

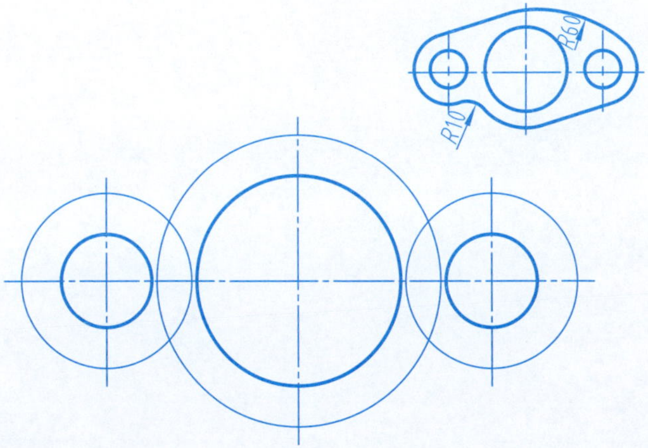

16. 按图例补全图形。

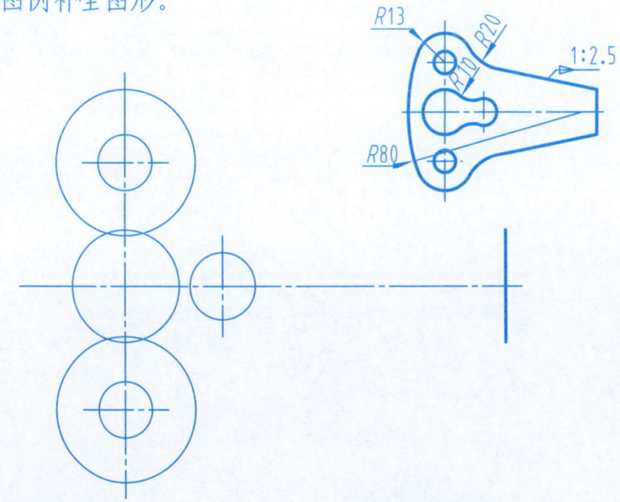

班级		姓名		学号		成绩	

1. 先标注各节点绝对坐标，再用绝对坐标绘制下面图形。

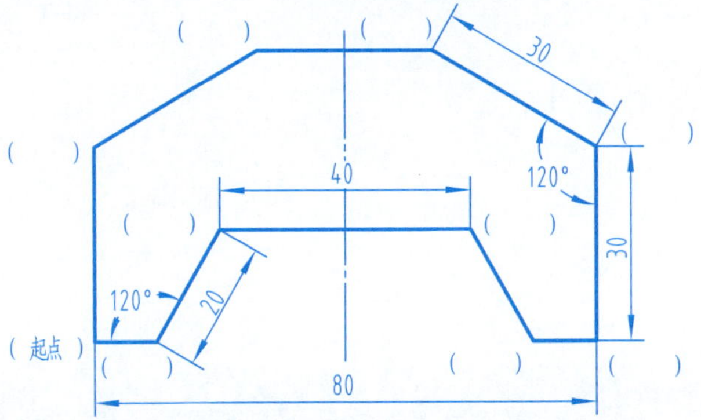

2. 先标注各节点相对坐标，再用相对坐标绘制下面图形。

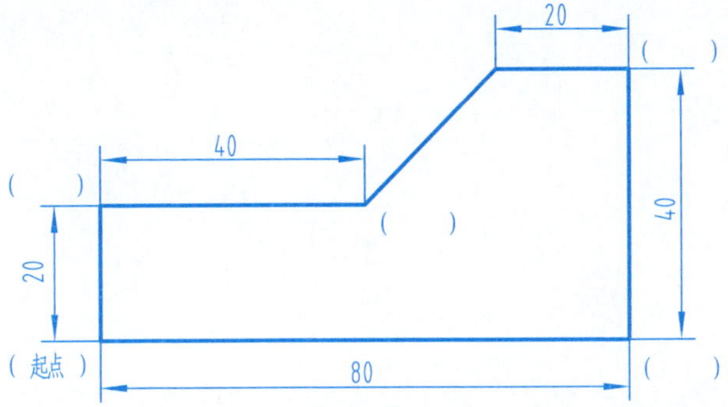

3. 先标注各节点极坐标，再用极坐标绘制下面图形。

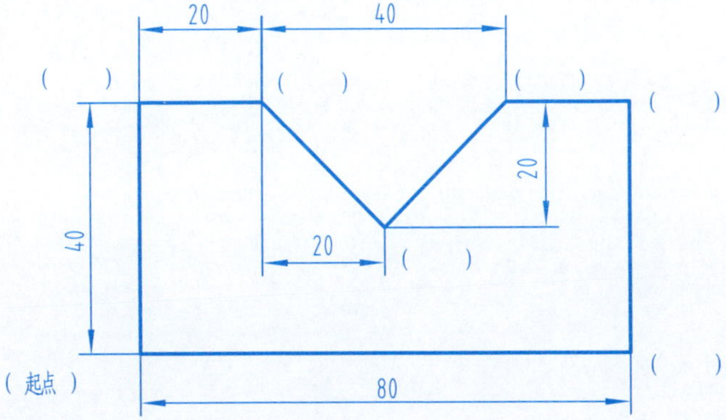

4. 使用矩形命令绘制下面图形。

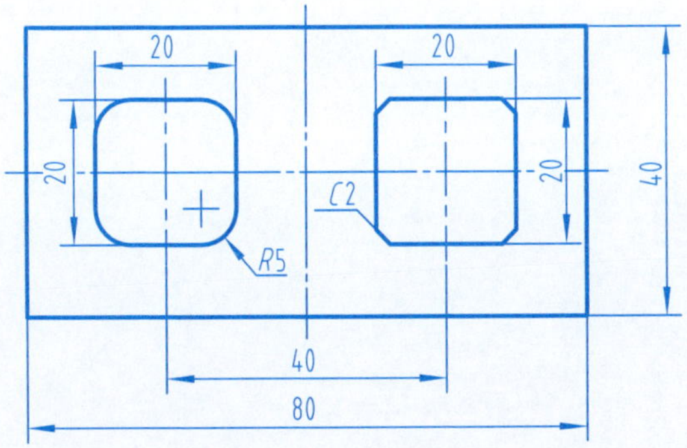

班级		姓名		学号		成绩	

5. 使用直线命令绘制下面图形。

（1）

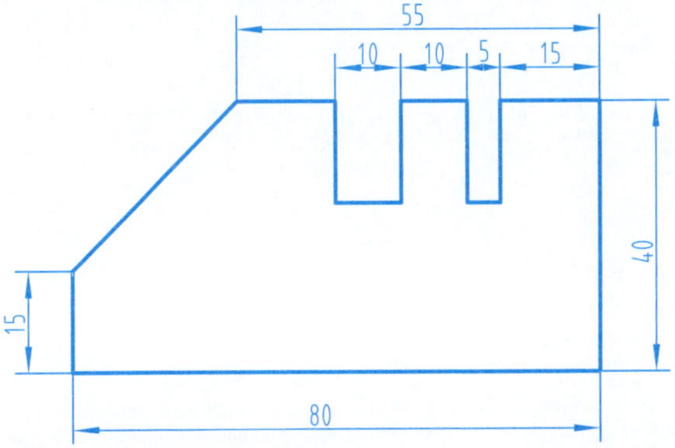

（2）

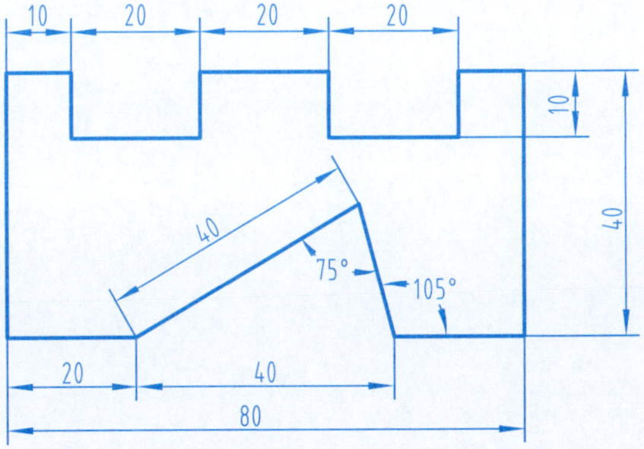

6. 使用直线、移动命令绘制下面图形。

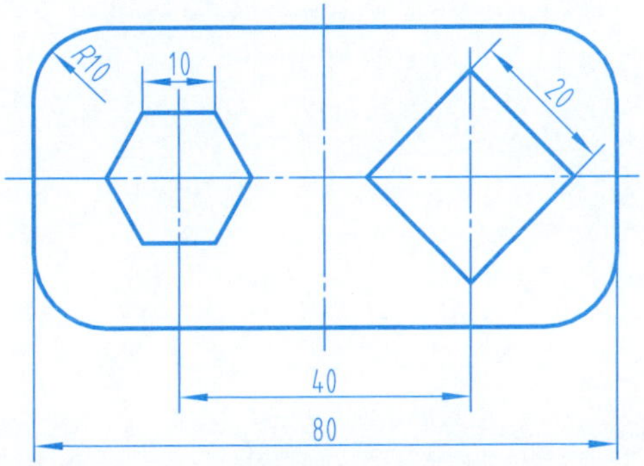

7. 使用矩形、分解和偏移命令绘制下面图形。

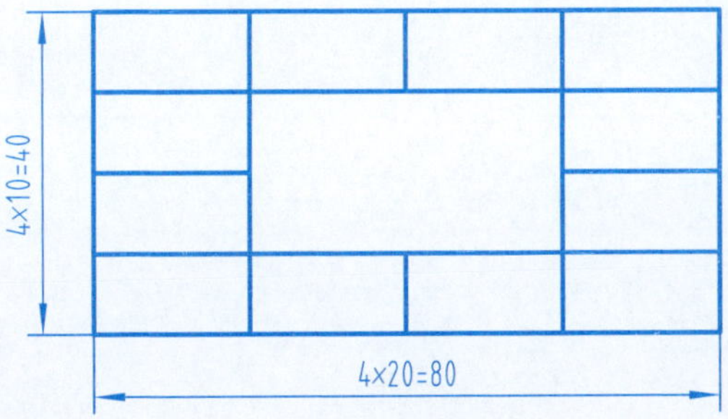

班级		姓名		学号		成绩	

1. 平面图形作图（在图纸上按1:1画出下列图形，并标注尺寸）。

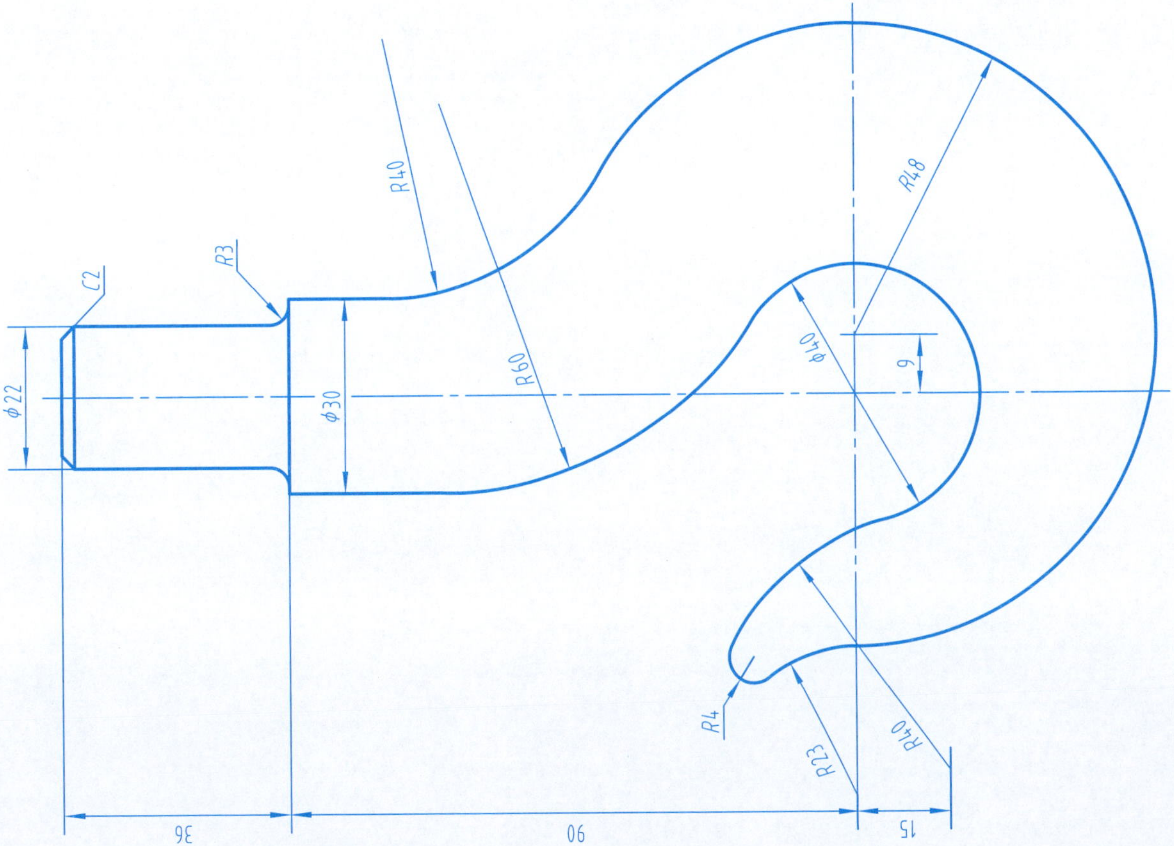

班级		姓名		学号		成绩	

1. 按下表要求创建图层。

图层名	颜色	线型	线宽
粗实线层	绿色	CONTINUOUS	0.35mm
点画线层	红色	CONTINUOUS	默认
虚线层	黄色	CONTINUOUS	默认
细实线层	黑色(白色)	CONTINUOUS	默认
双点画线层	黑色(白色)	CONTINUOUS	默认
尺寸线层	蓝色	CONTINUOUS	默认
文本层	黑色(白色)	CONTINUOUS	默认

2. 按规定图层绘制下面图形 。

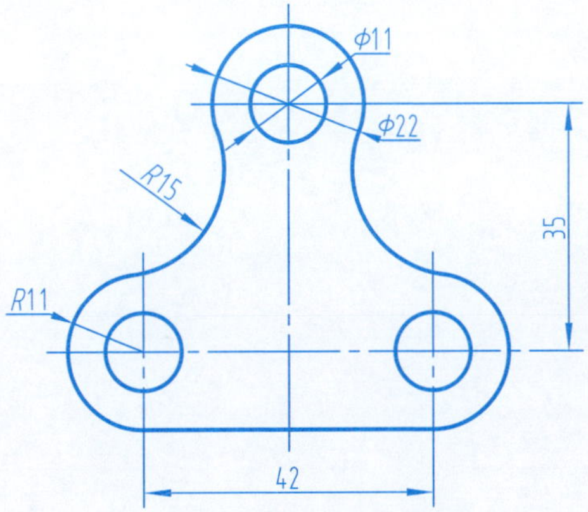

3. 按规定图层绘制下面图形。

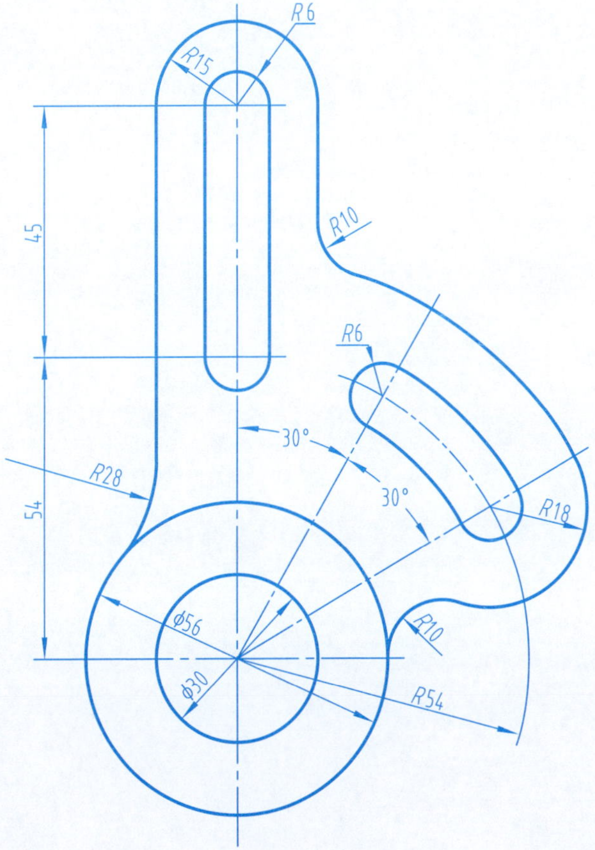

班级		姓名		学号		成绩	

1. 先完成填空，再根据点的两面投影求其第三面投影。

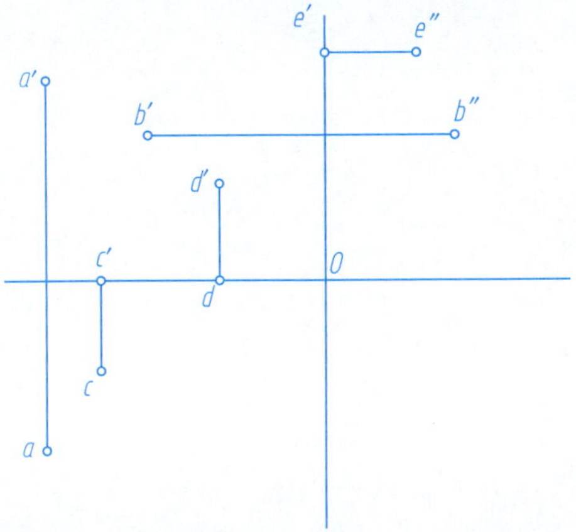

点在三投影面体系中的投影规律：

（1）点的正面投影和水平投影的连线________。

（2）点的正面投影和侧面投影的连线________。

（3）点的水平投影和侧面投影________。

3. 根据点的两面投影作第三面投影，并比较各点的相对位置。

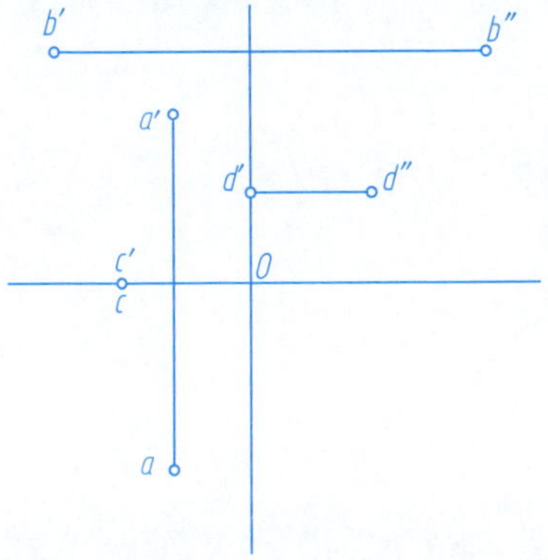

B、C、D与A比较	B	C	D
在A点的上下			
在A点的左右			
在A点的前后			

2. 根据点A(15, 10, 25)、B(25, 15, 20)、C(15, 15, 20)坐标画出其投影图。

4. 根据立体图在各视图上标注出其方位(上、下、左、右、前、后)。

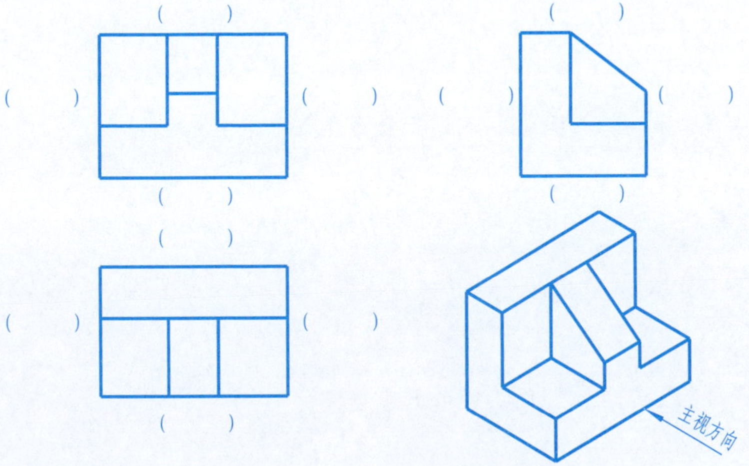

班级		姓名		学号		成绩	

5. 补画直线第三面投影，并判断是什么位置直线。

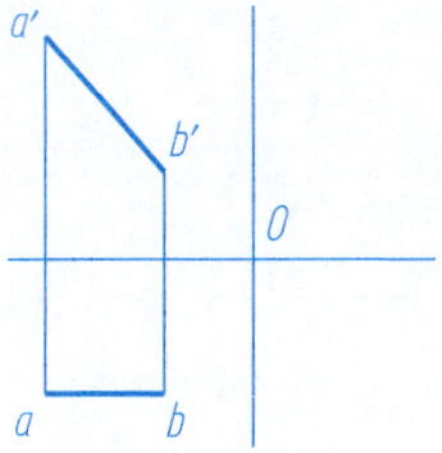

______线

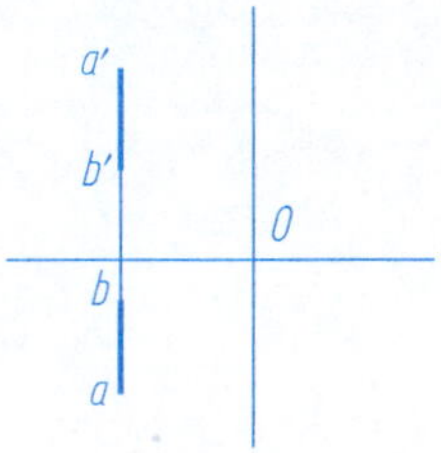

______线

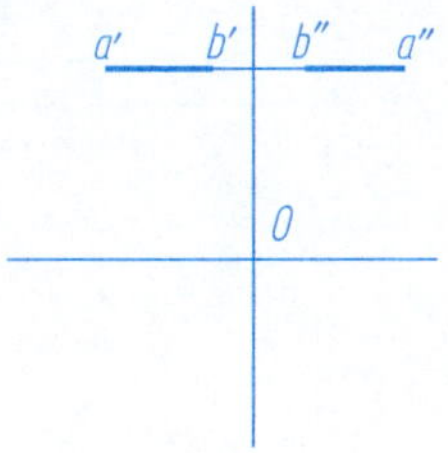

______线

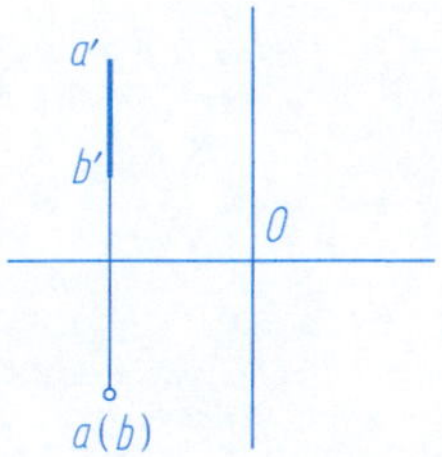

______线

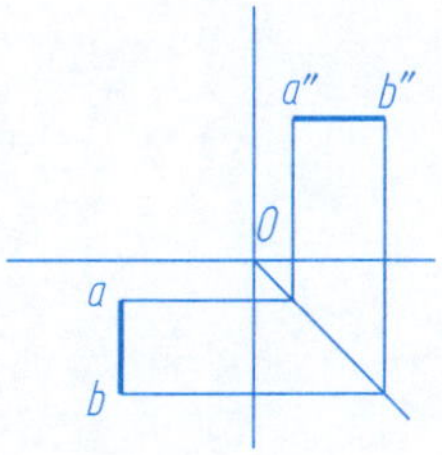

______线

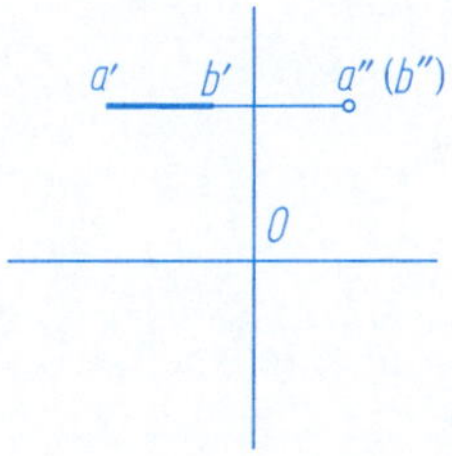

______线

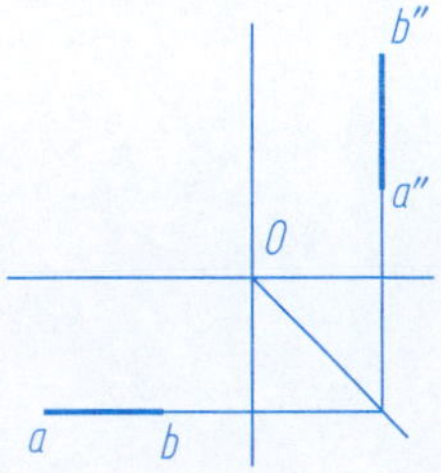

______线

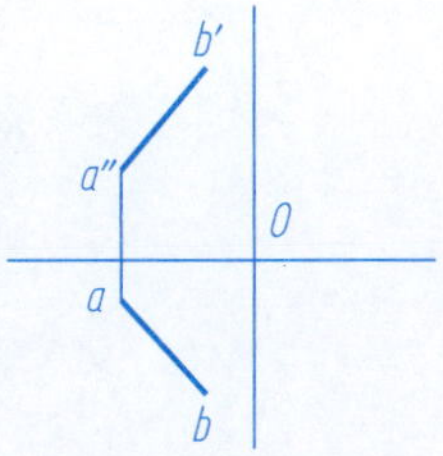

______线

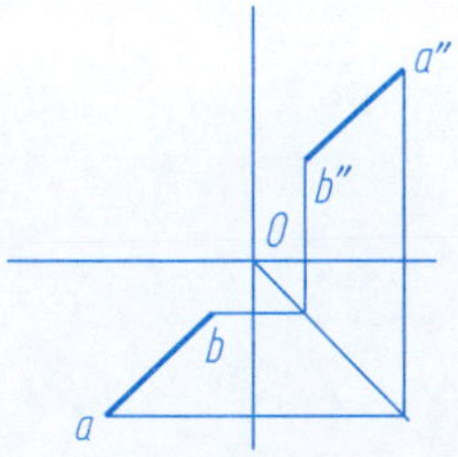

______线

6. 补画三棱锥的侧面投影，并判断各棱线和平面的属性。

(1)

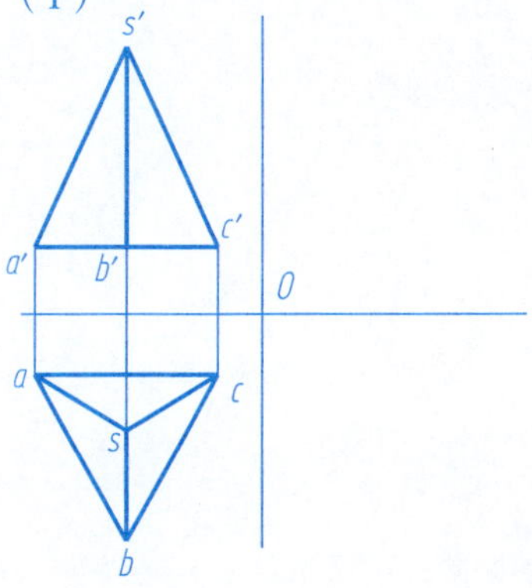

SA: ______线
SB: ______线
SC: ______线
AB: ______线
AC: ______线
BC: ______线
面SAB: ______面
面SAC: ______面
面SBC: ______面
面ABC: ______面

(2)

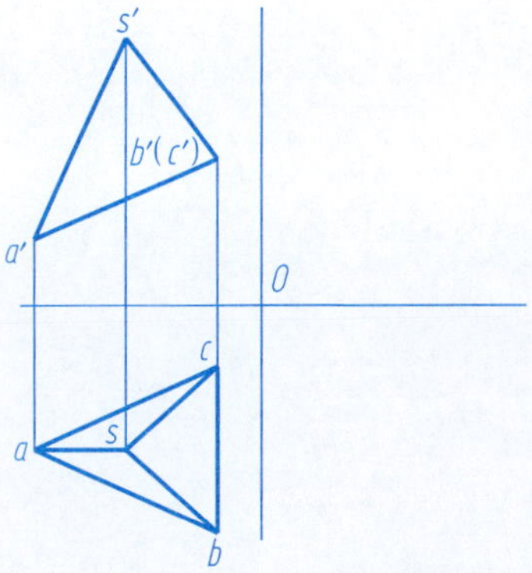

SA: ______线
SB: ______线
SC: ______线
AB: ______线
AC: ______线
BC: ______线
面SAB: ______面
面SAC: ______面
面SBC: ______面
面ABC: ______面

班级		姓名		学号		成绩	

7. 补画立体的第三面投影，并求出表面上点的各面投影。

(1)

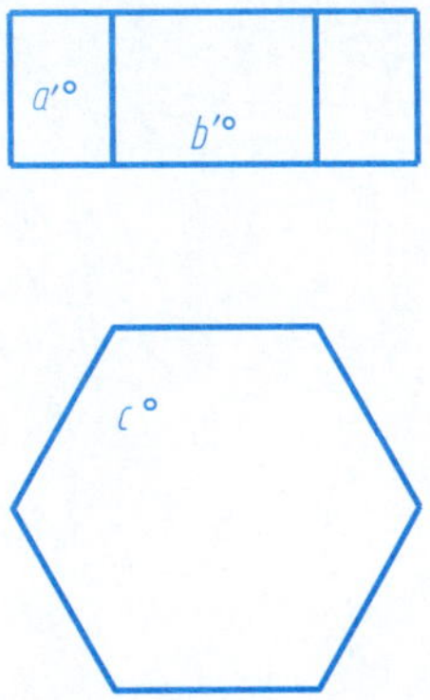

(3)

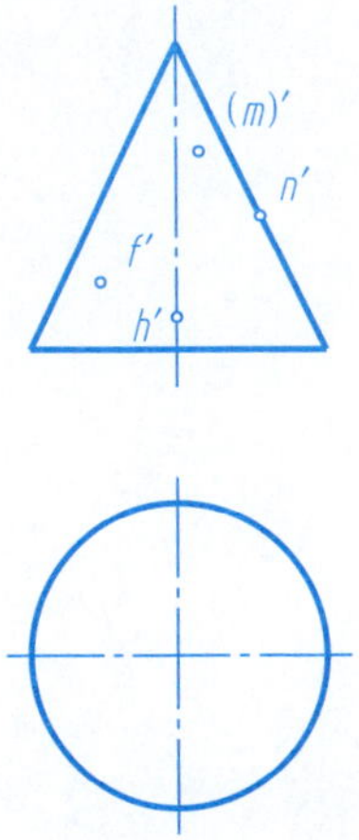

(2)

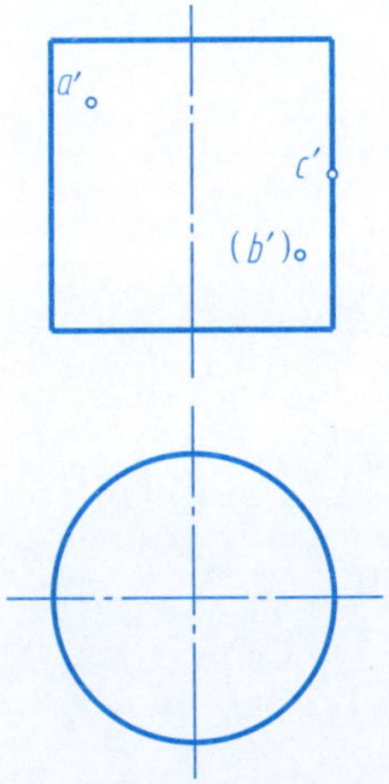

(4)

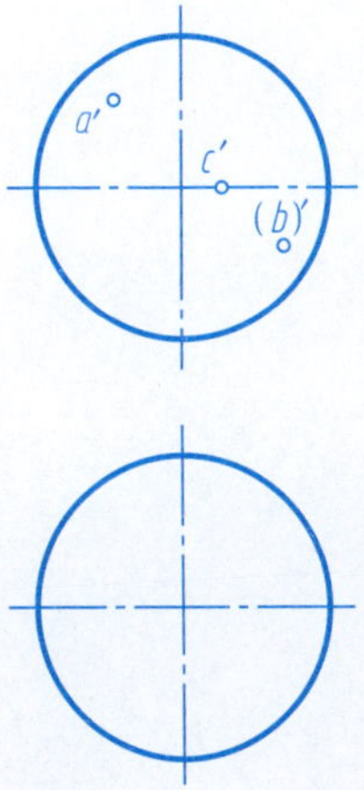

班级		姓名		学号		成绩	

8. 补画立体的第三面投影。

（1）

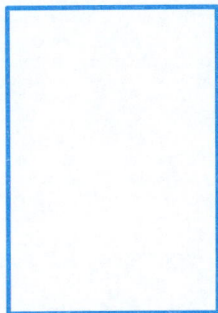

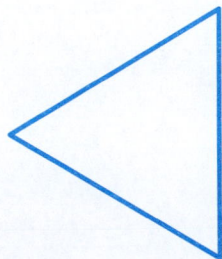

（2）

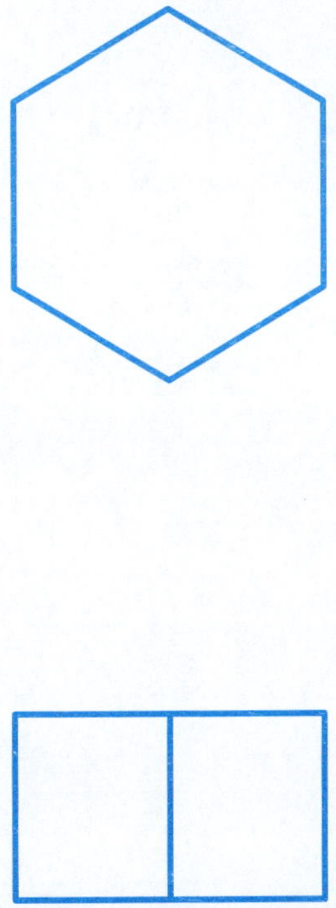

班级		姓名		学号		成绩	

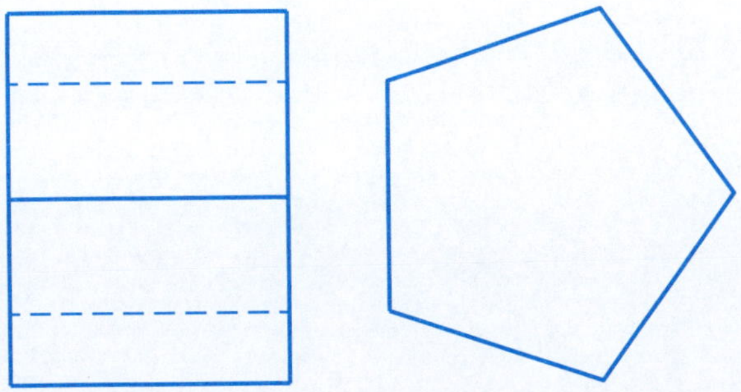

（3）

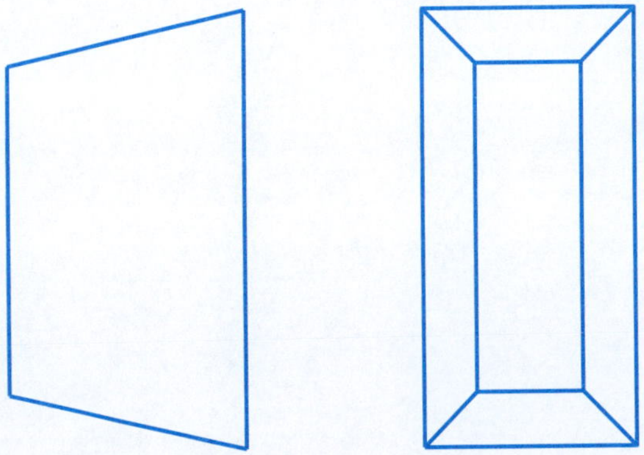

（4）

班级		姓名		学号		成绩	

9. 补画立体的第三面投影，并求出表面上点的各面投影。

（1）

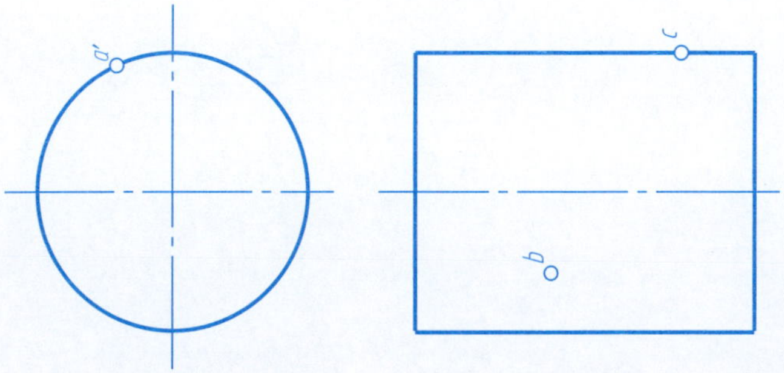

（2）

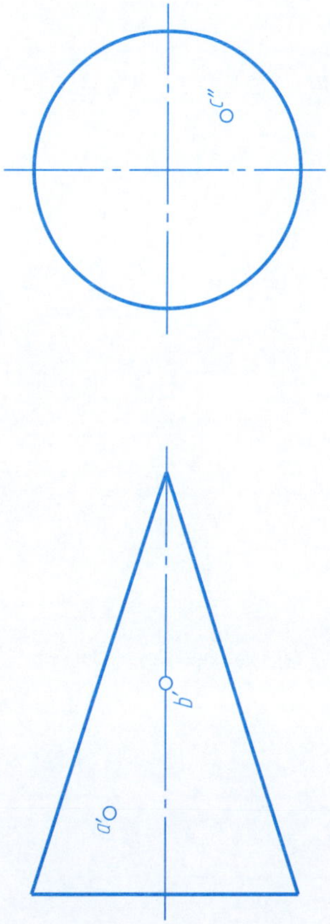

班级		姓名		学号		成绩	

1.利用AutoCAD创建实体造型，并利用视口和视图命令并观察实体的各面投影。

(1)

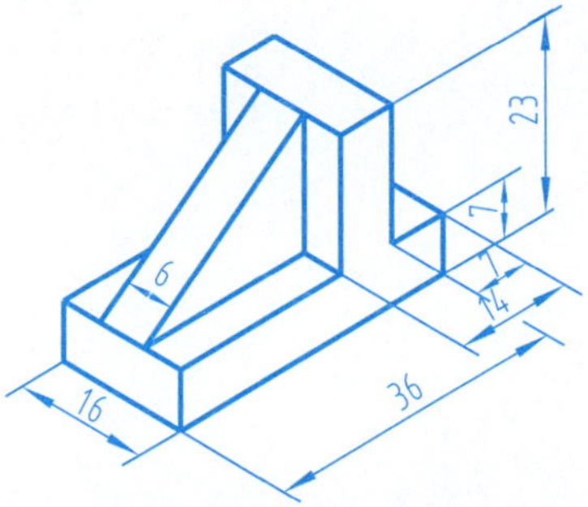

(3)

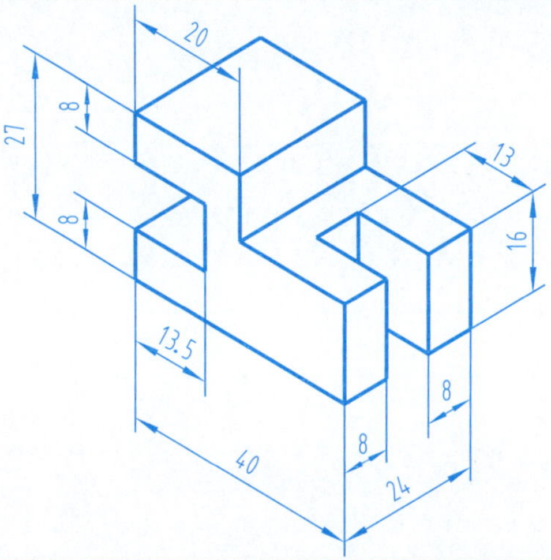

(2)

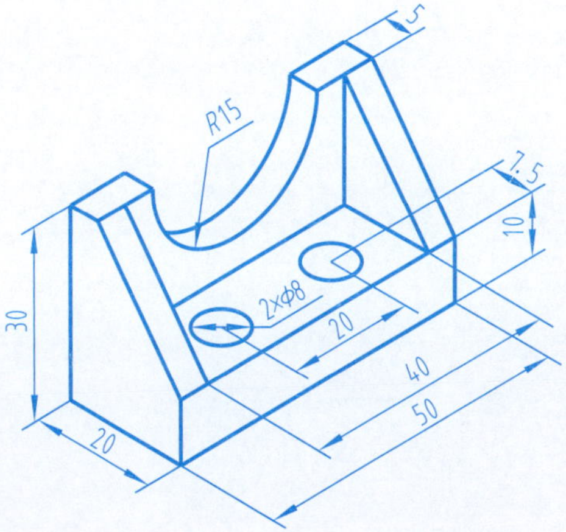

(4)

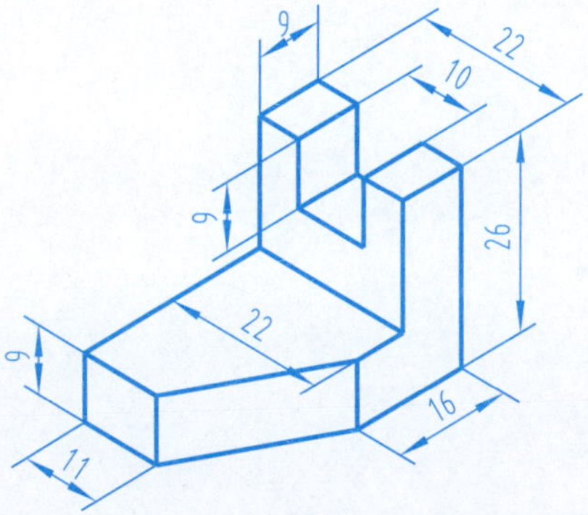

班级		姓名		学号		成绩	

1. 补全截切体的三面投影（一）。

（1）

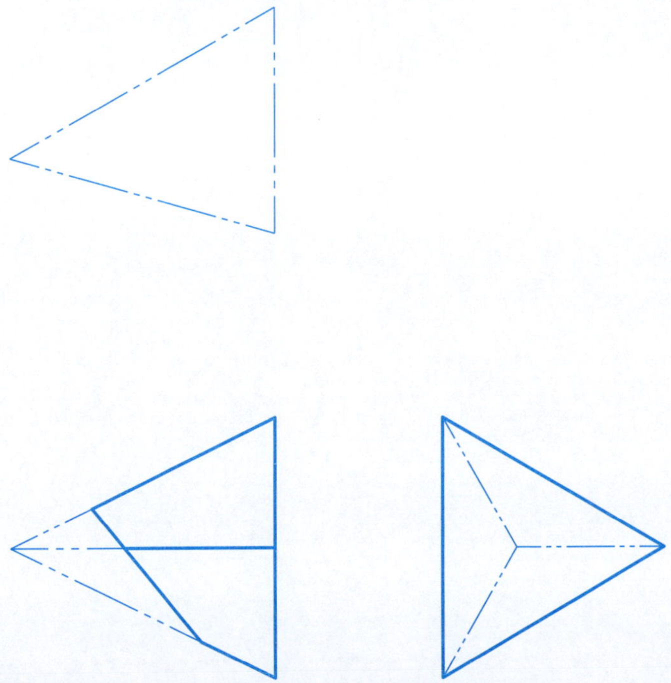

（2）

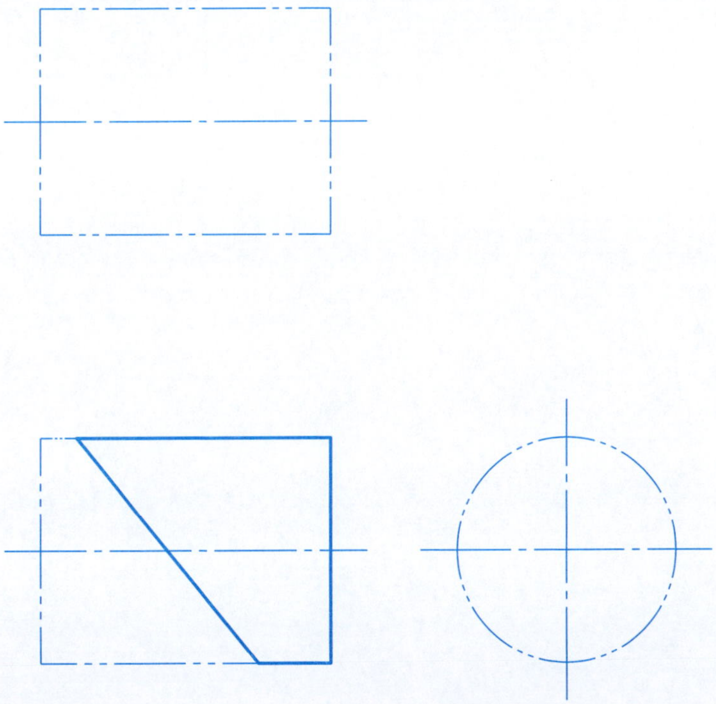

班级		姓名		学号		成绩	

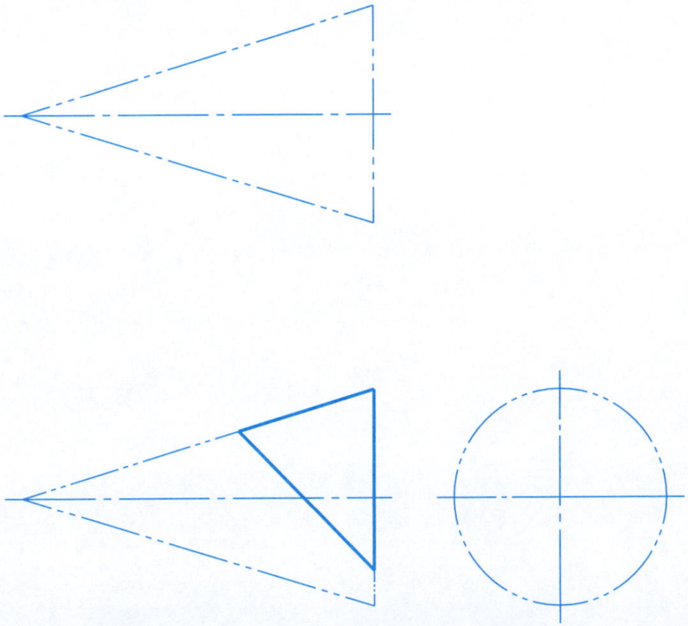

(3)

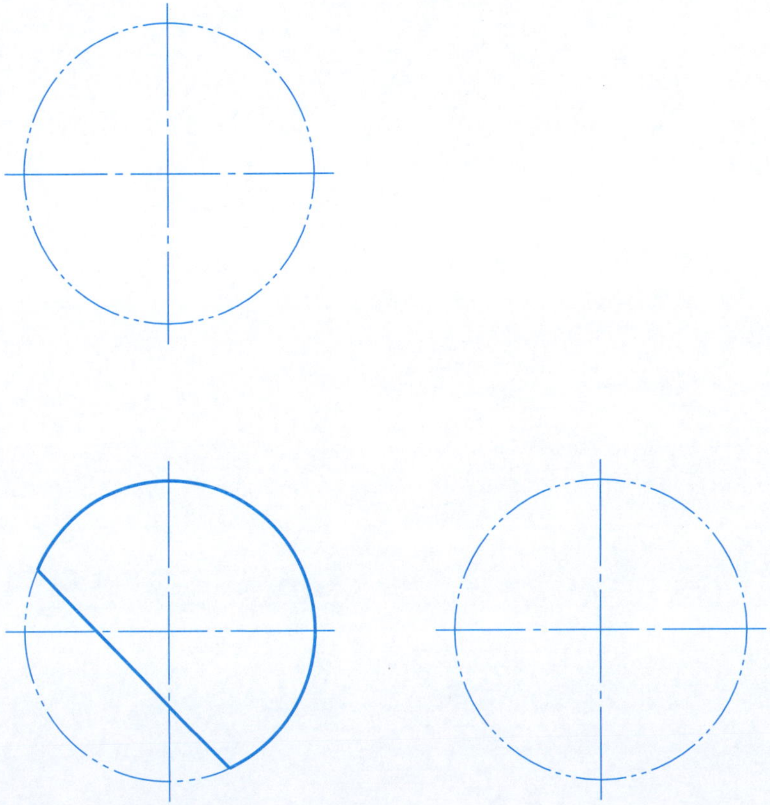

(4)

班级		姓名		学号		成绩	

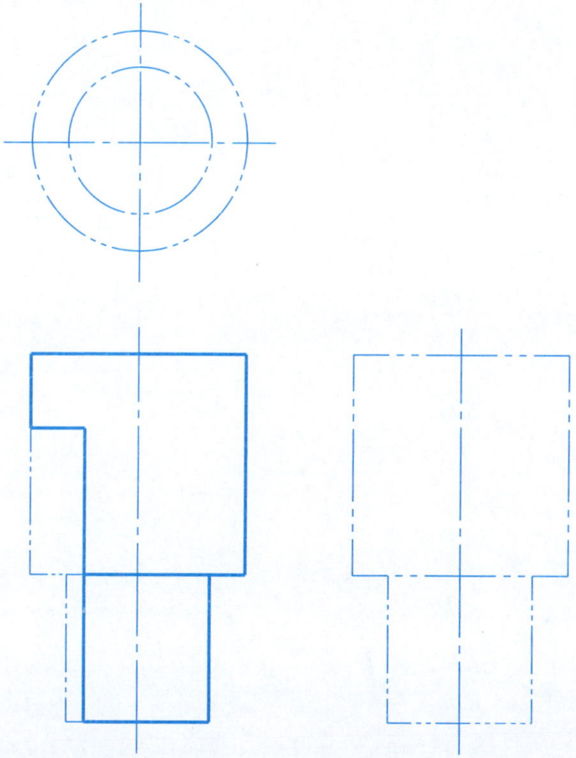

（5）

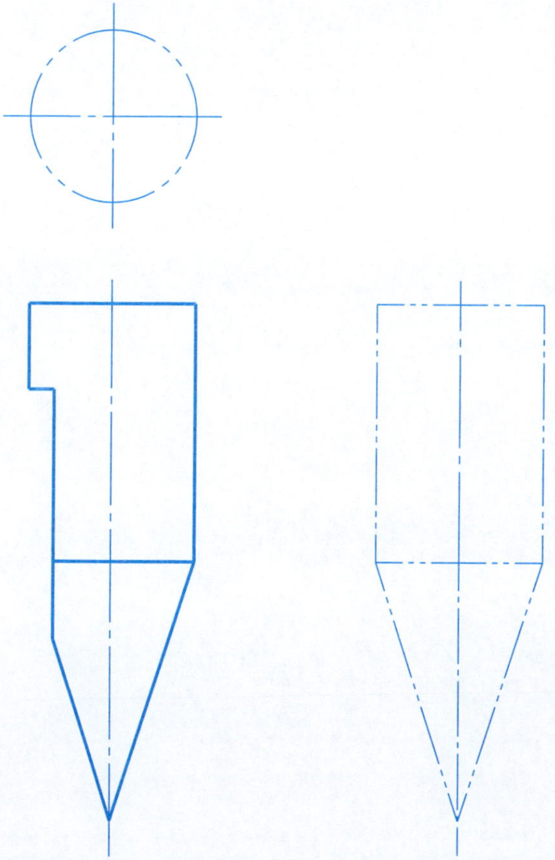

（6）

班级		姓名		学号		成绩	

2. 补全截切体的三面投影（二）。

（1）

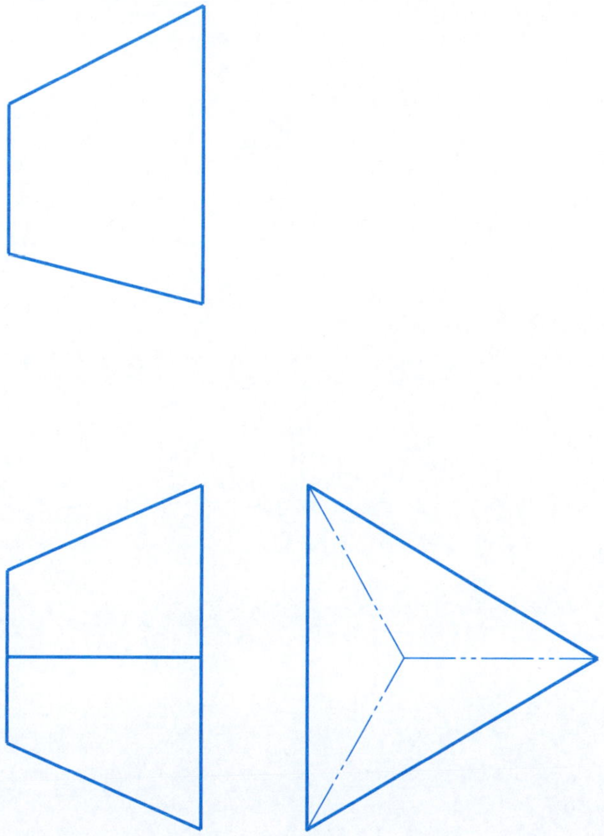

（2）

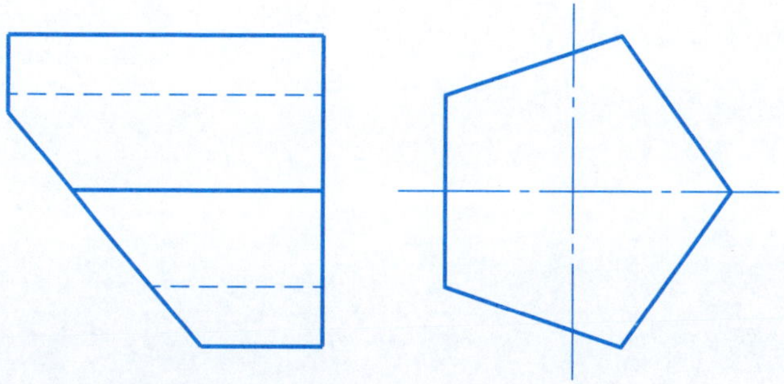

班级		姓名		学号		成绩	

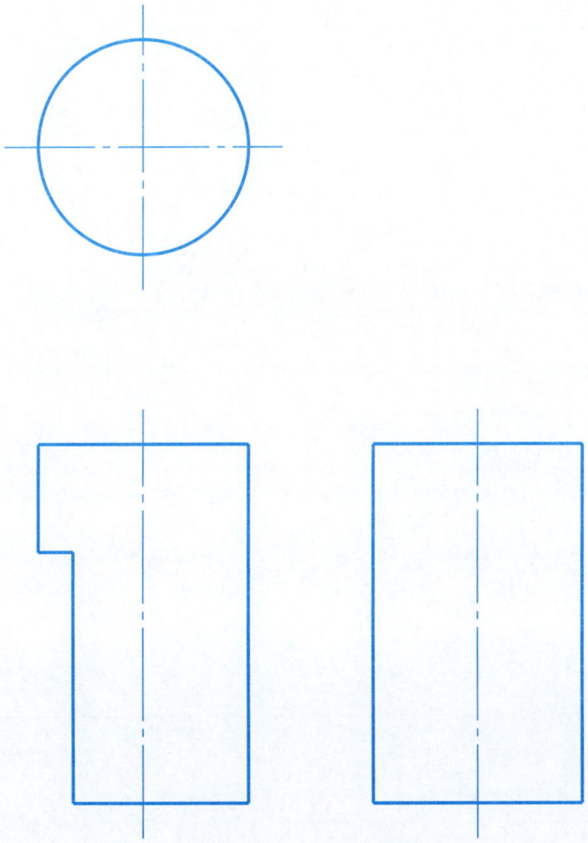

(3)

(4)

班级		姓名		学号		成绩	

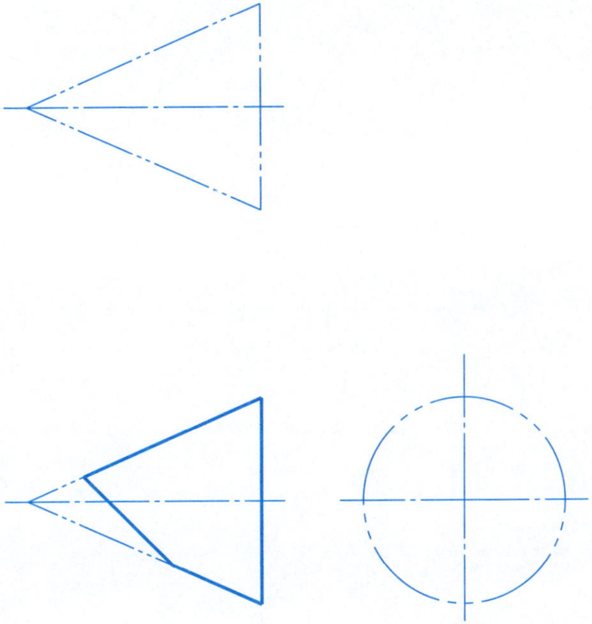

（5）

（6）

班级		姓名		学号		成绩	

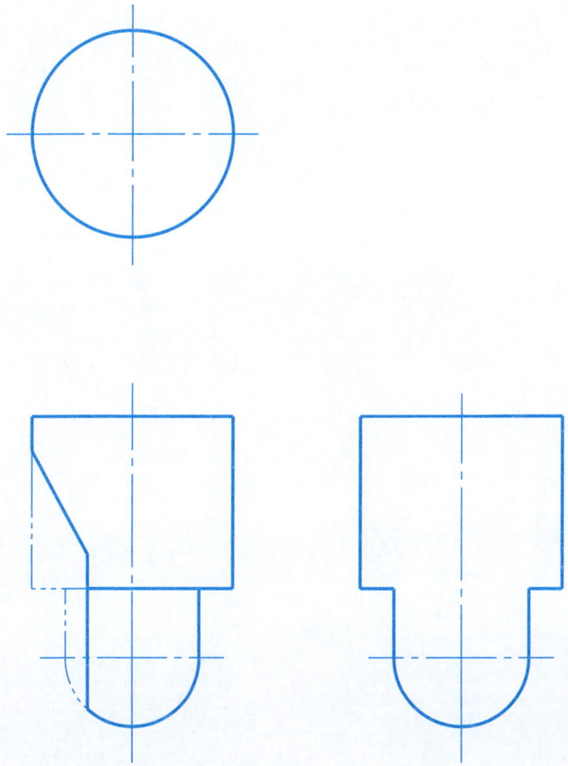

(7)

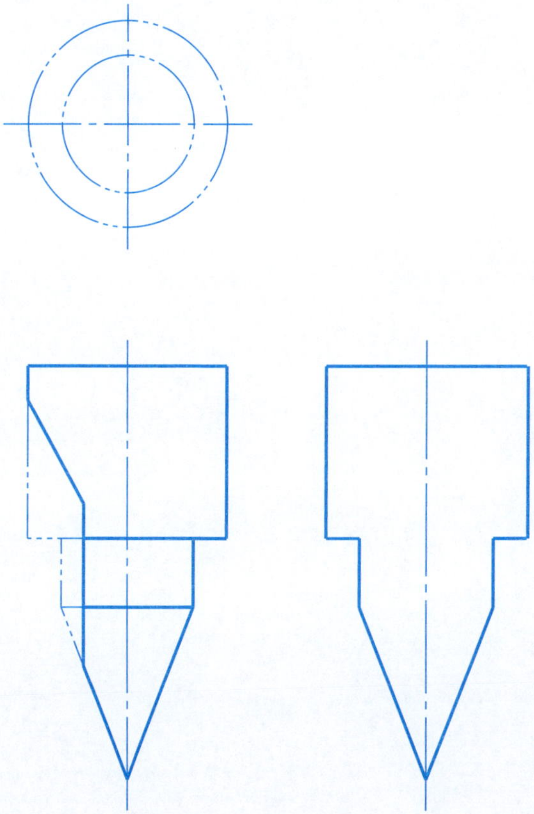

(8)

班级		姓名		学号		成绩	

3. 标注下列图形的尺寸（数值从图中量取，取整数）。

（1）

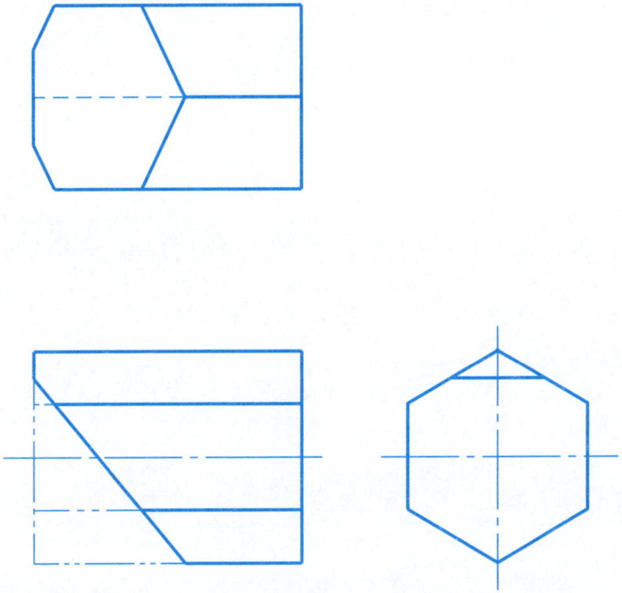

（2）

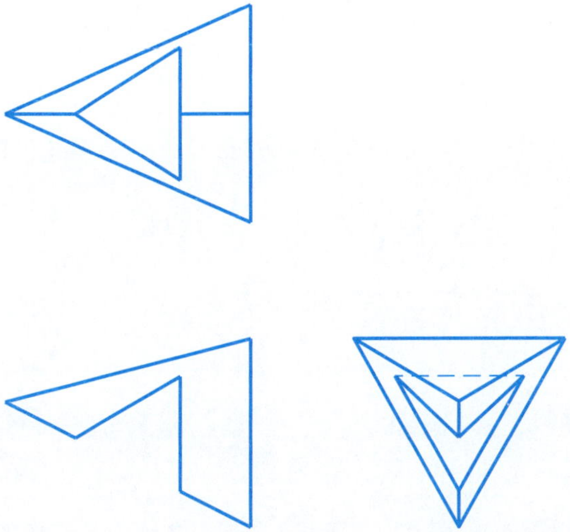

班级		姓名		学号		成绩	

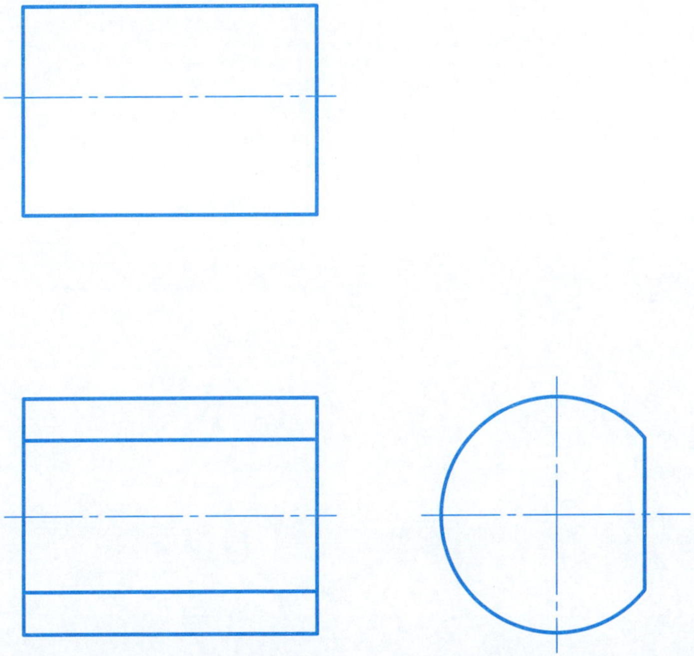

（3）

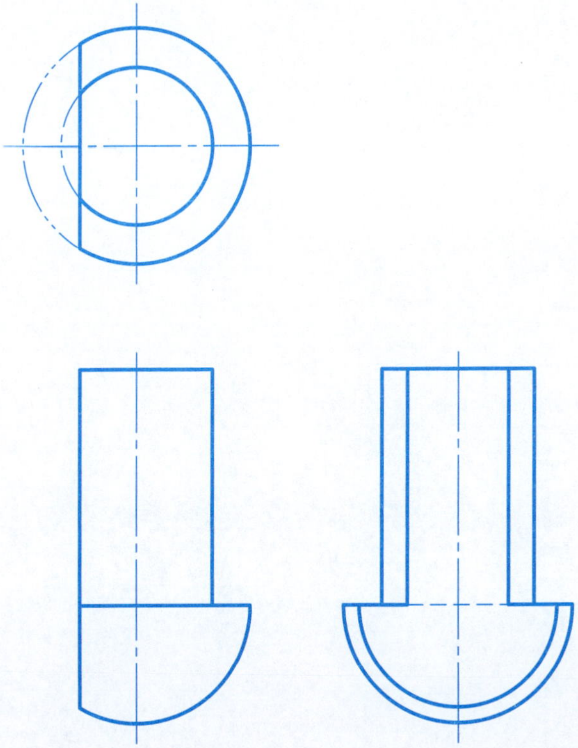

（4）

班级		姓名		学号		成绩	

1. 利用AutoCAD完成组合体的实体造型（一）。

（1）

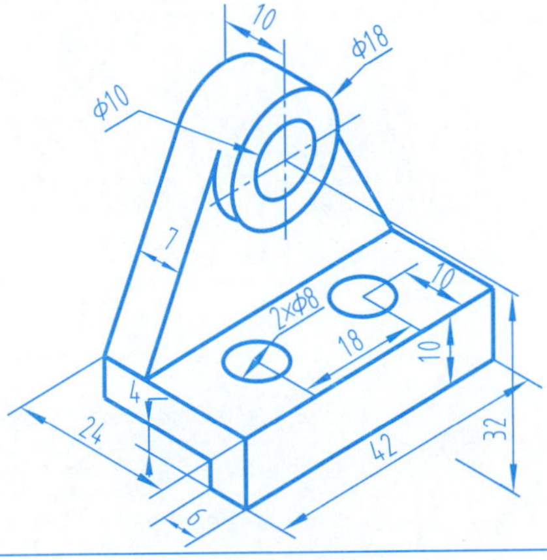

（3）

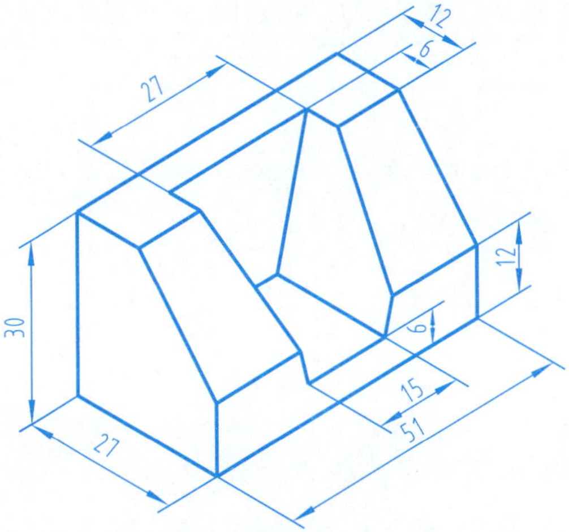

（2）

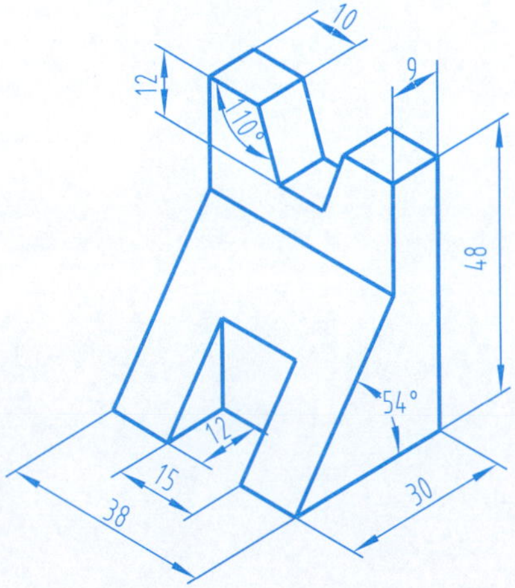

（4）

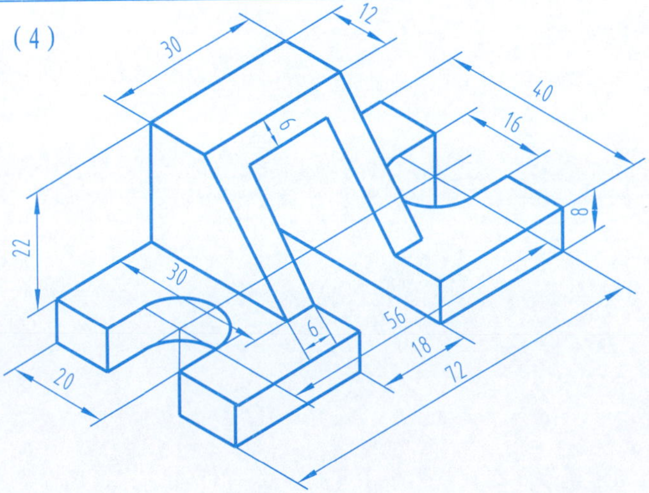

班级		姓名		学号		成绩	

2. 利用AutoCAD完成组合体的实体造型（二）。

（1）

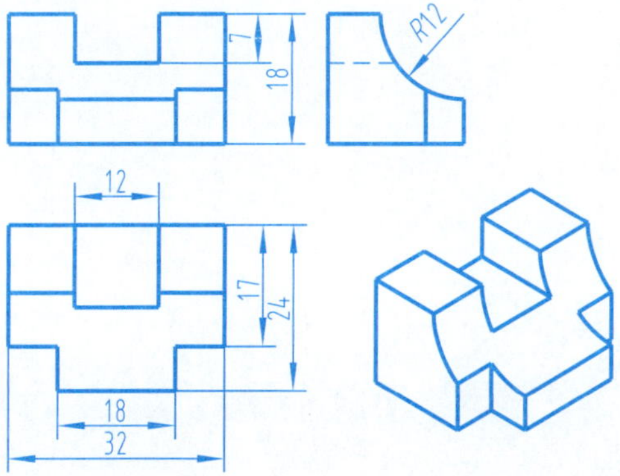

（3）

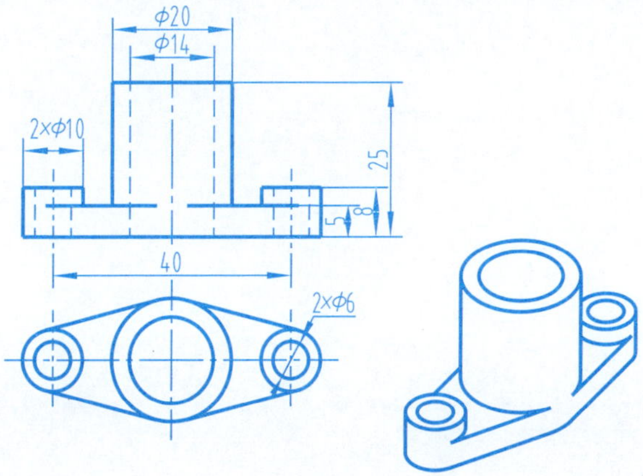

（2）

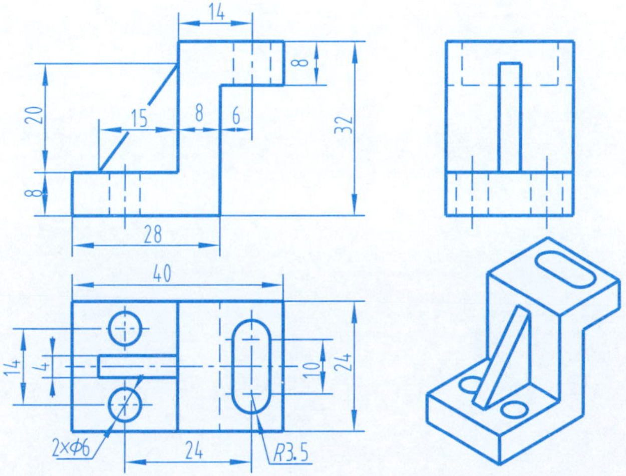

（4）

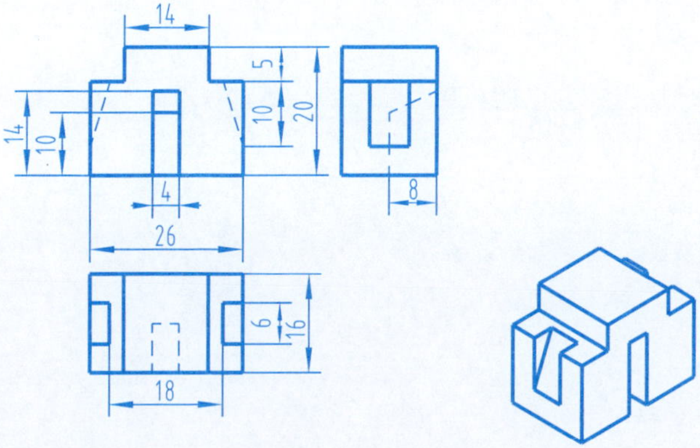

班级		姓名		学号		成绩	

1. 补画相交立体所缺图线。

(1)

(2)

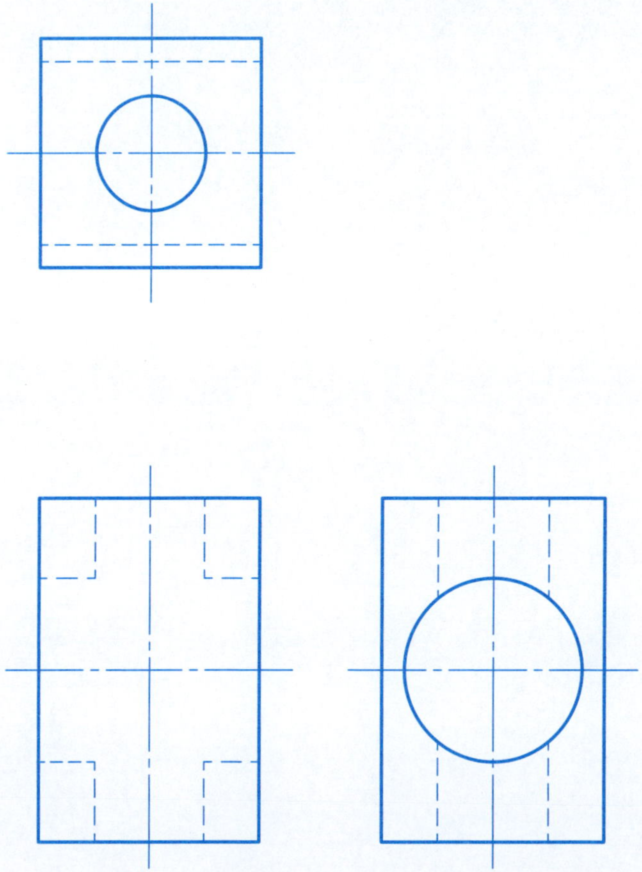

班级		姓名		学号		成绩	

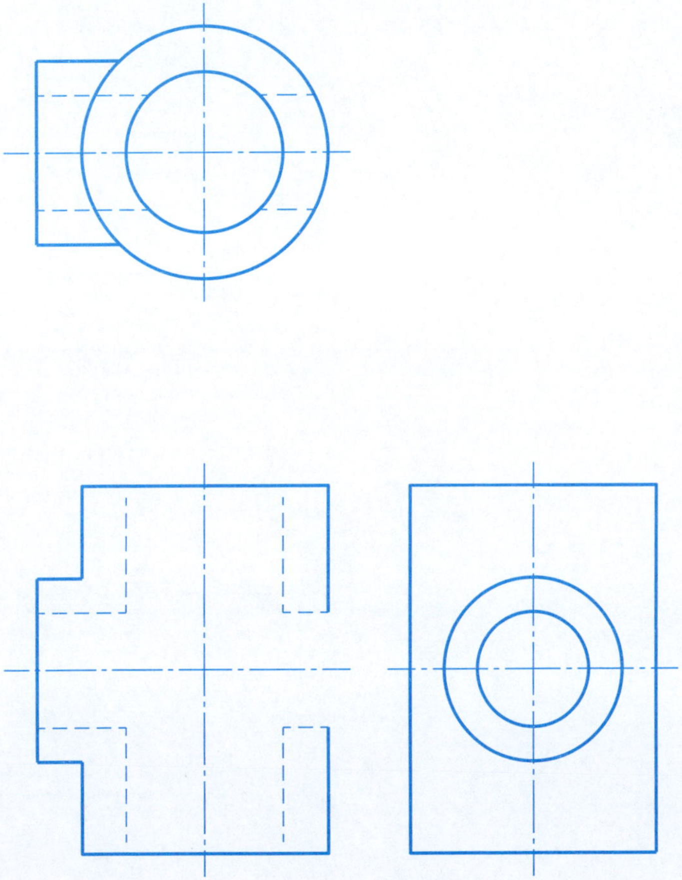

(3)

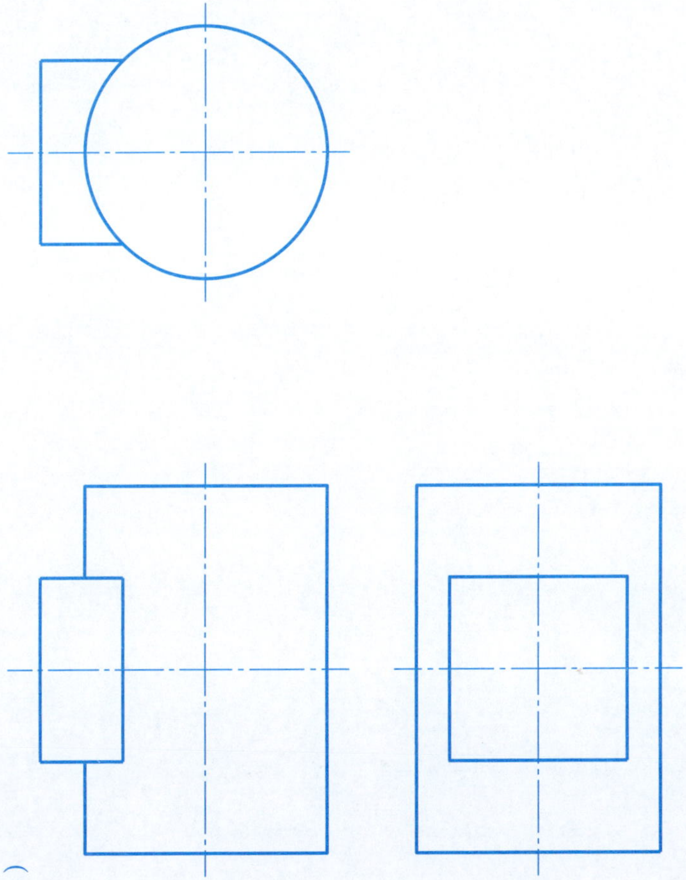

(4)

班级		姓名		学号		成绩	

2. 补画轴线相交回转体间的相贯线。

(1)

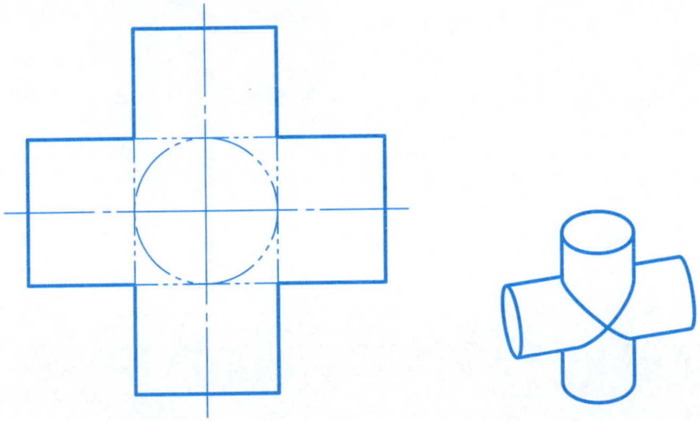

(3)

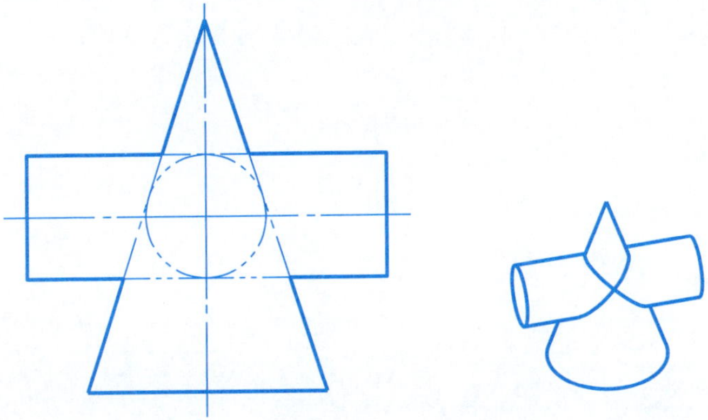

(2)

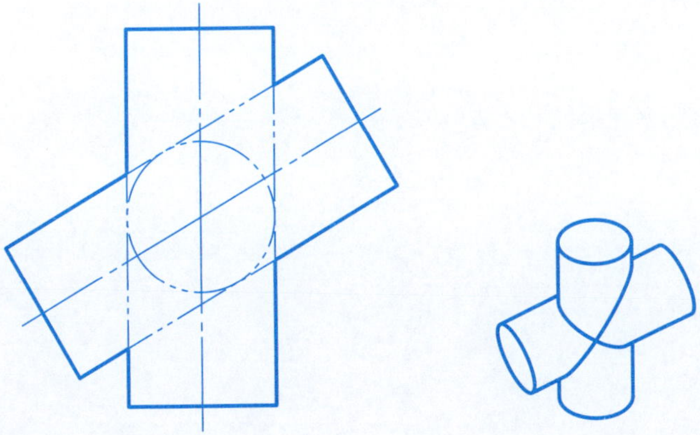

(4)

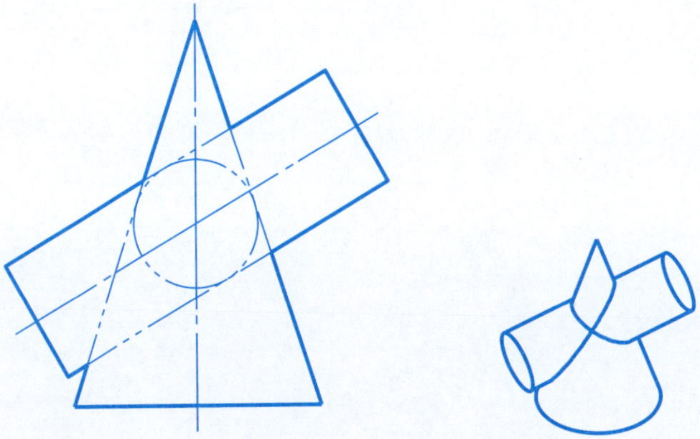

班级		姓名		学号		成绩	

(5)

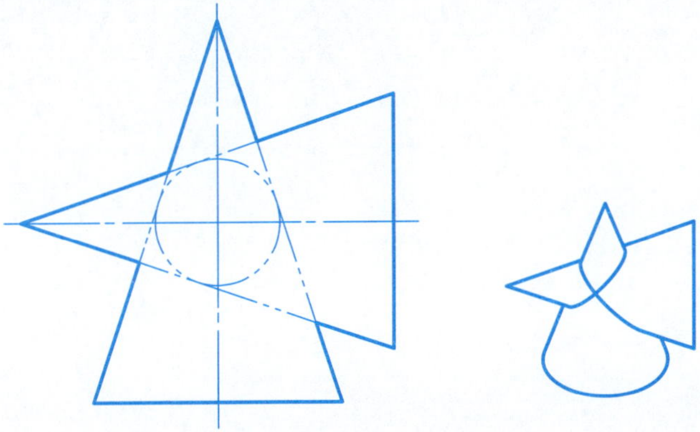

(6)

3. 补画轴线重合回转体间的相贯线。

(1)

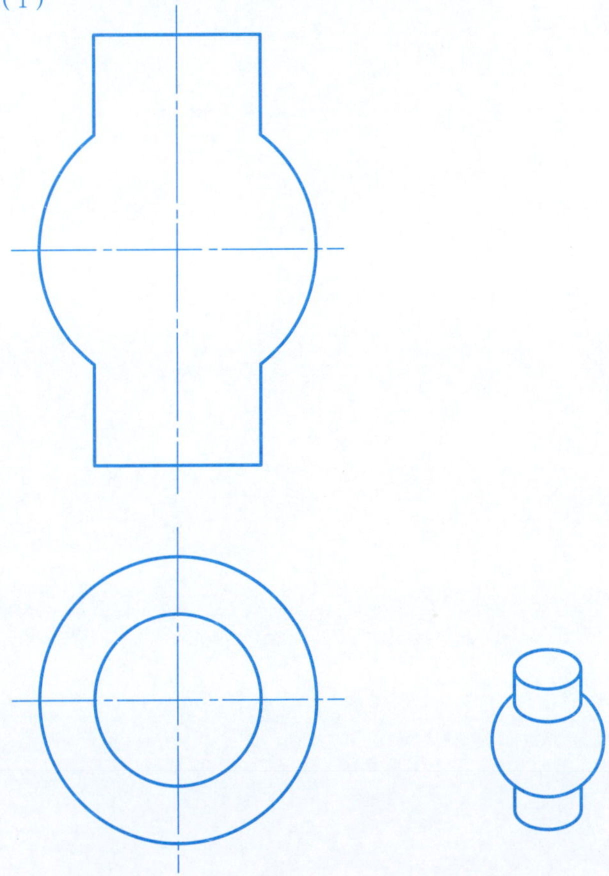

班级		姓名		学号		成绩	

(2)

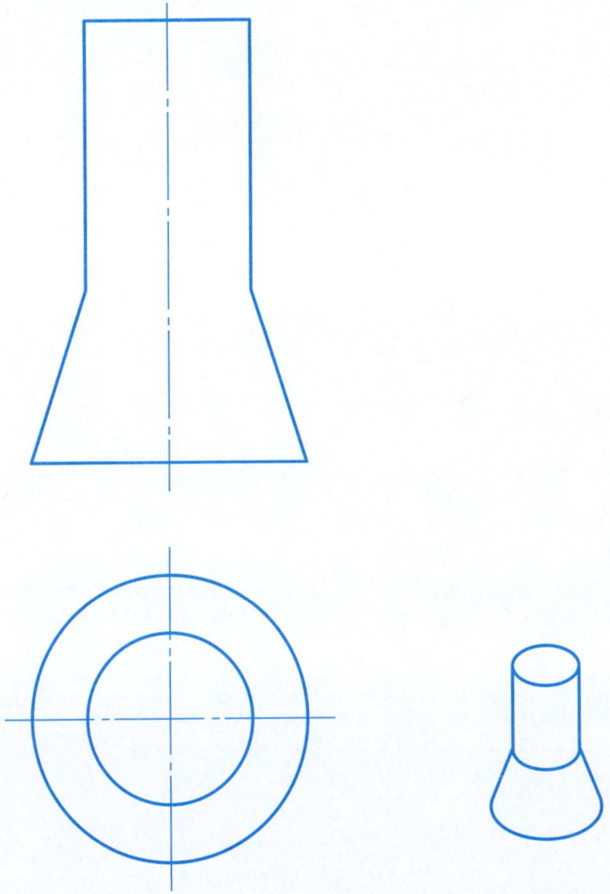

(3)

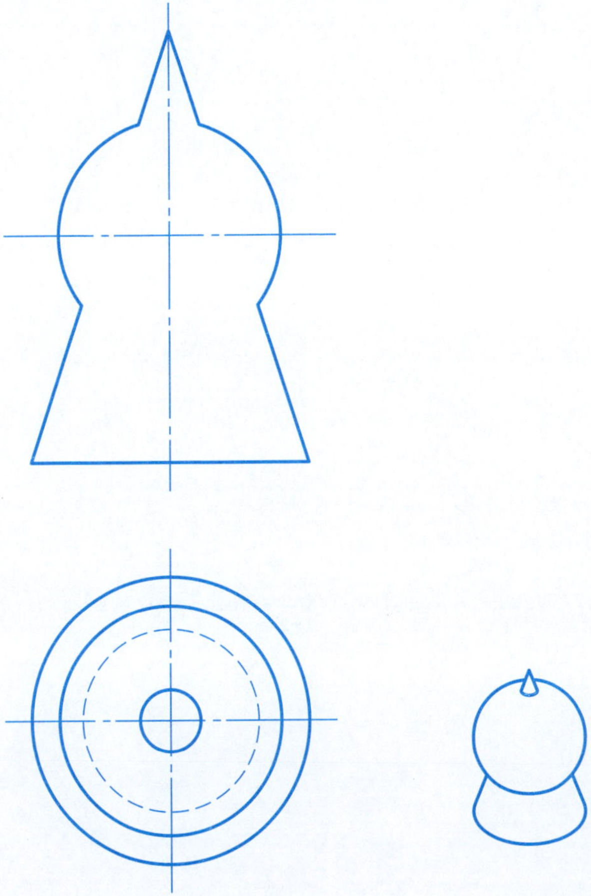

班级		姓名		学号		成绩	

4. 补画轴线平行回转体间的相贯线。

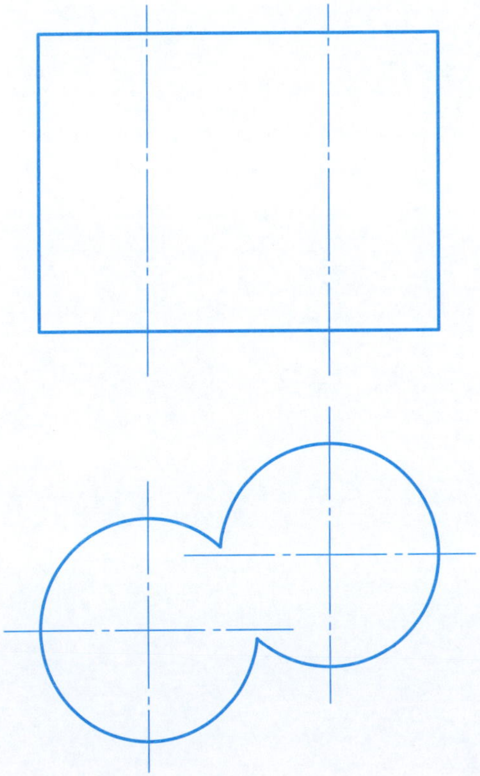

5. 补画组合体的相贯线。

（1）

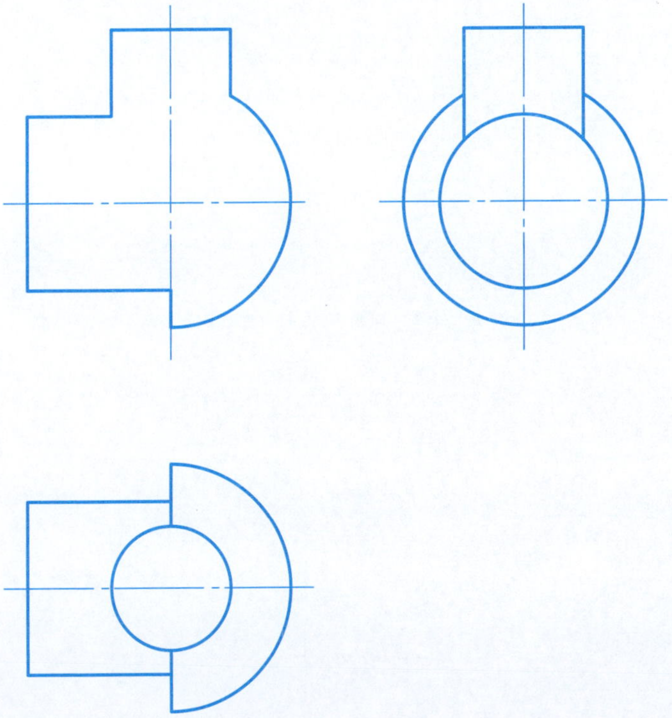

班级		姓名		学号		成绩	

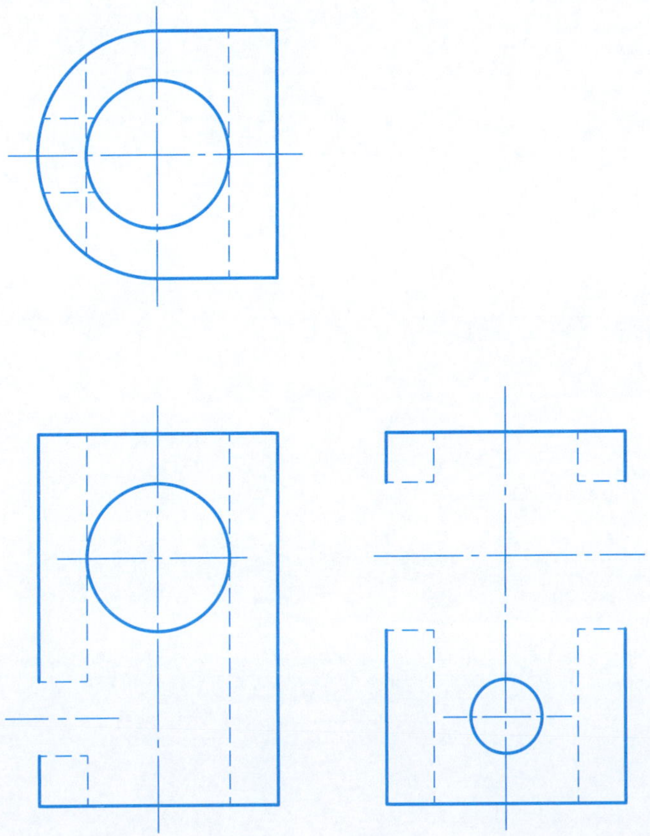

(2)

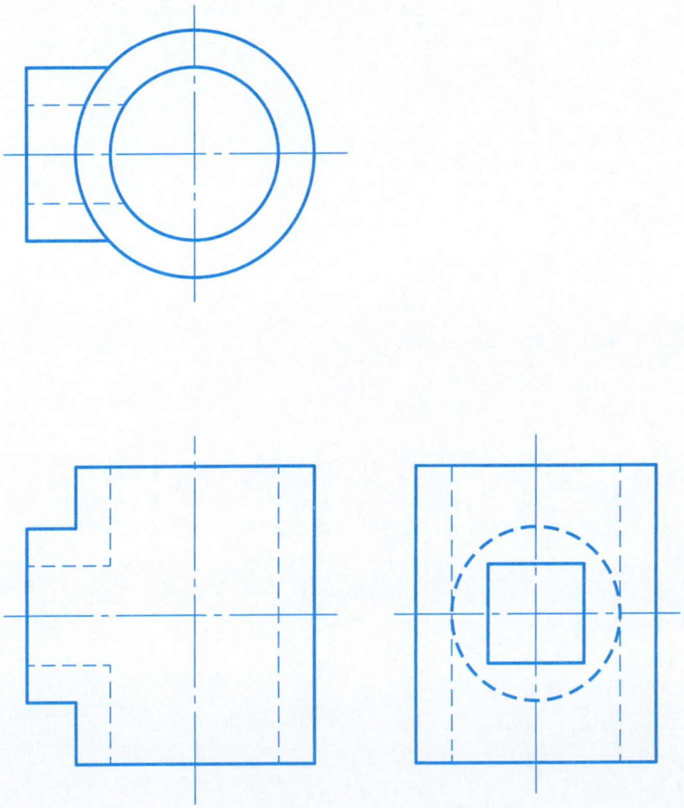

(3)

班级		姓名		学号		成绩	

（4）

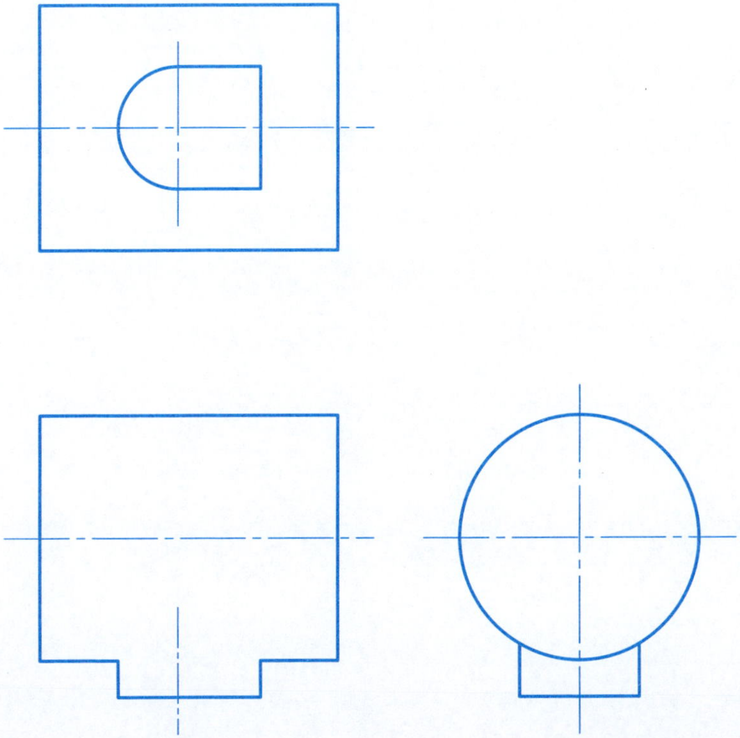

6. 补全相交立体的三视图。

（1）

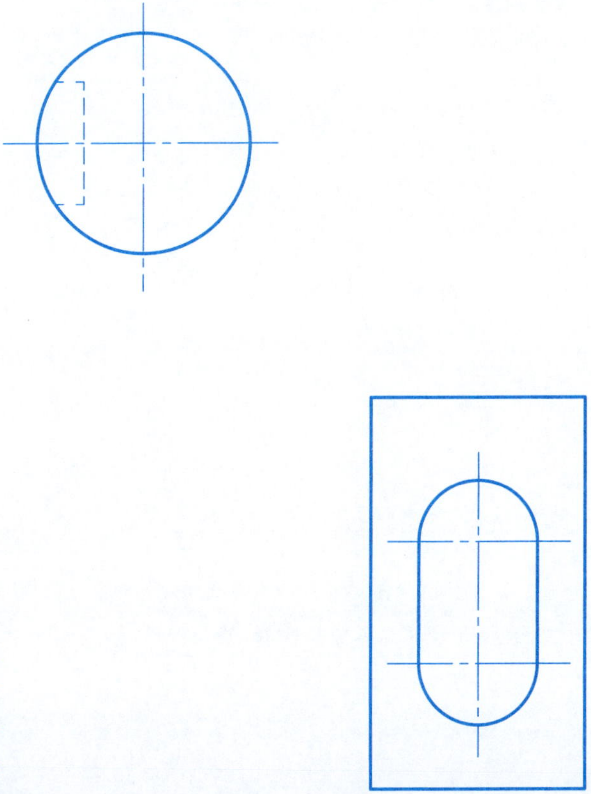

班级		姓名		学号		成绩	

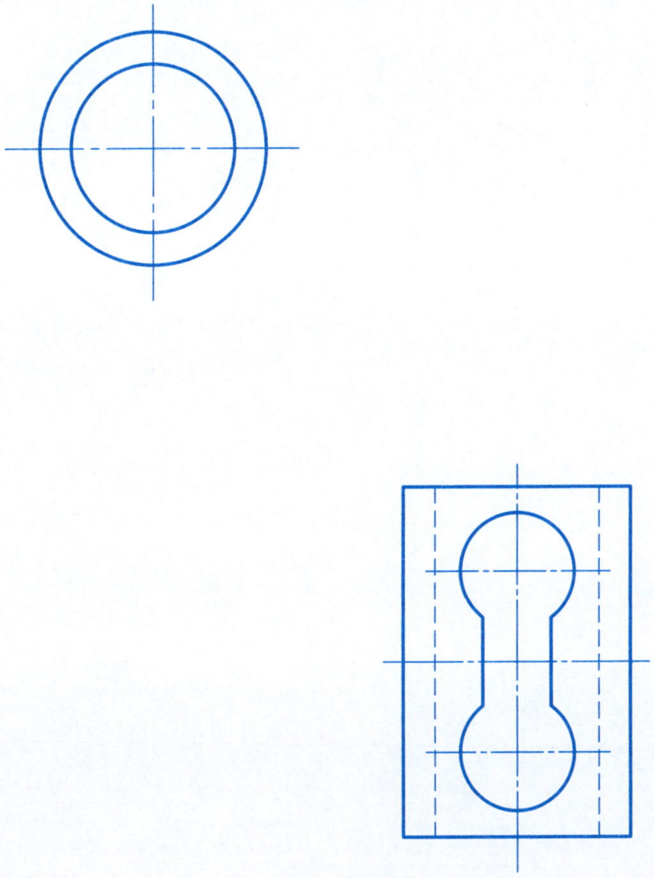

（2）

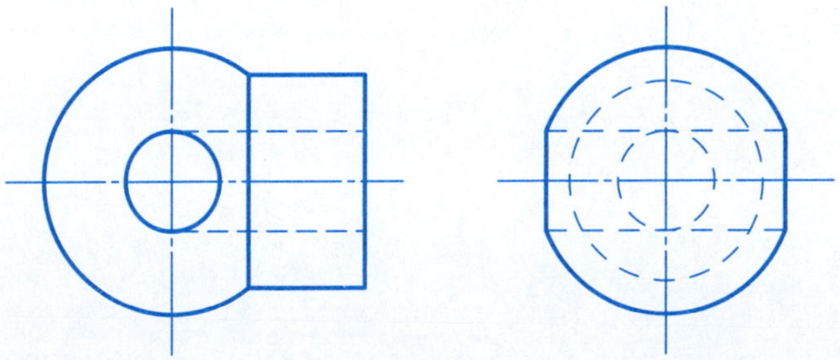

（3）

班级		姓名		学号		成绩	

1. 大作业：先补出左视图，再在图纸上画出三视图，并标注尺寸（尺寸直接从图中量取，测量值取整）。

（1）

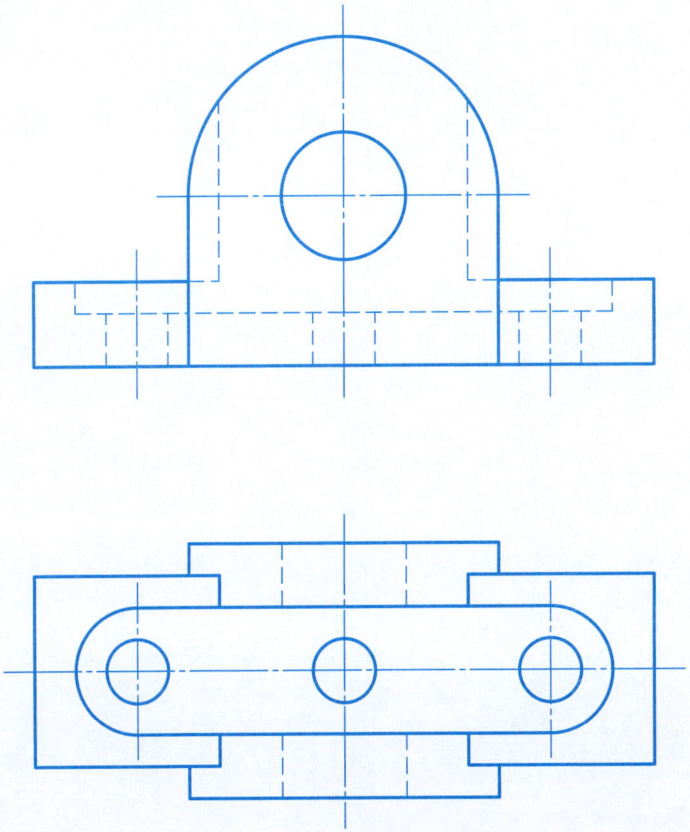

班级		姓名		学号		成绩	

(2)

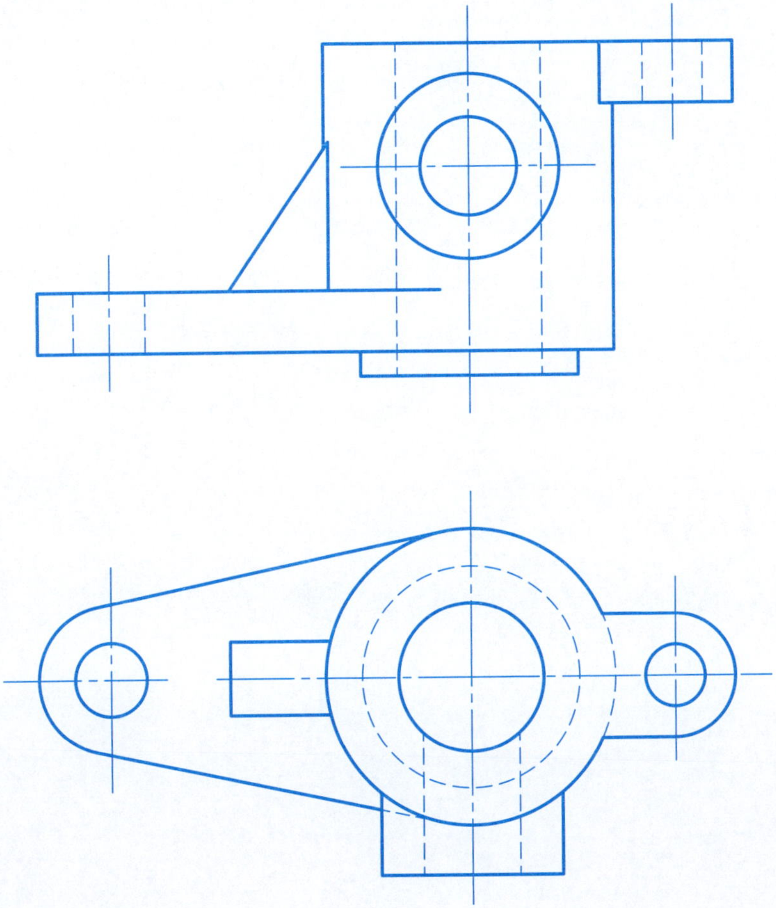

班级		姓名		学号		成绩	

1. 画出机件的其余基本视图。

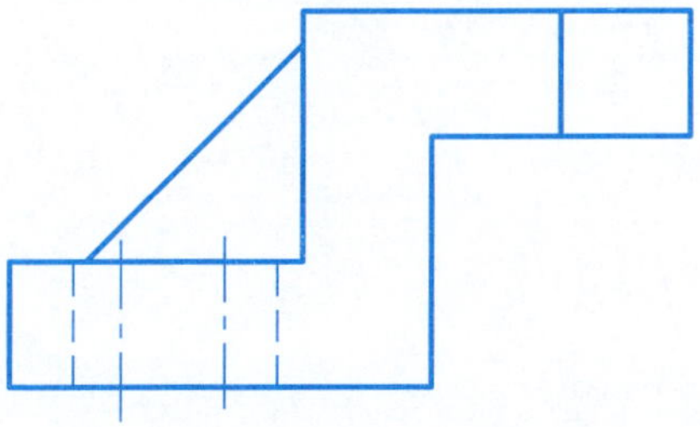

班级		姓名		学号		成绩	

2. 画出A向斜视图。

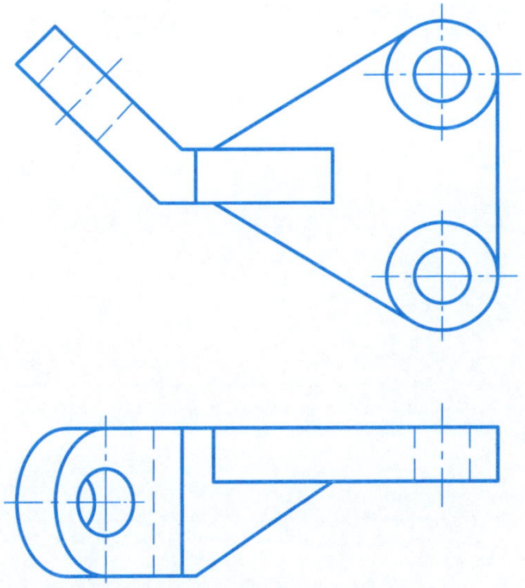

(a)

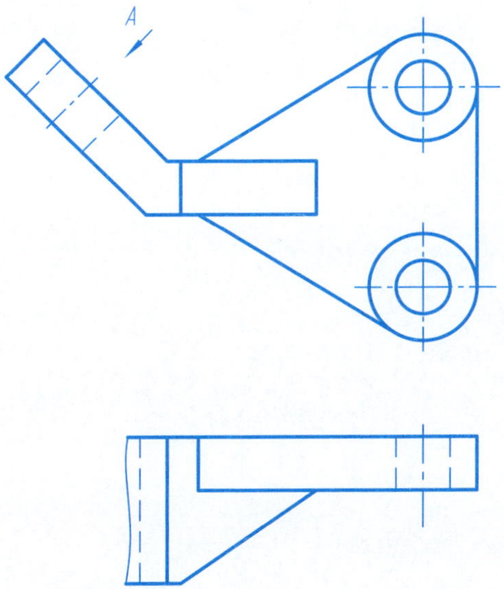

(b)

班级		姓名		学号		成绩	

3. 画出A向斜视图和B向局部视图。

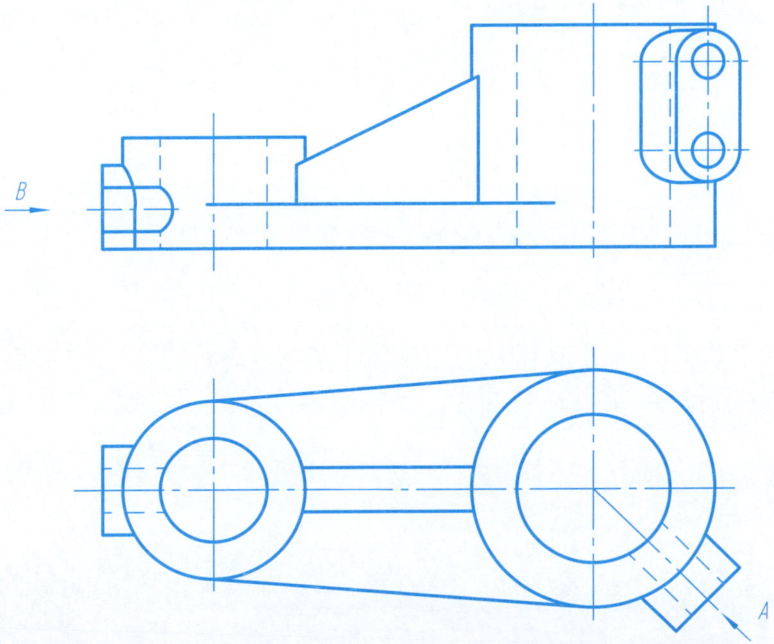

班级		姓名		学号		成绩	

1. 按要求标注表面粗糙度。

（1）两柱面为 $\sqrt{Ra\ 0.8}$，两端面为 $\sqrt{Ra\ 3.2}$，其余 $\sqrt{Ra\ 12.5}$。

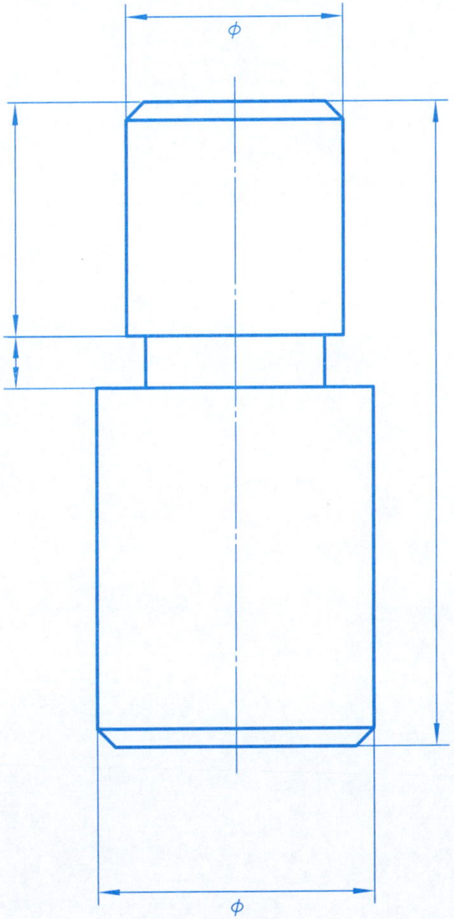

（2）圆角处为 $\sqrt{Ra\ 1.6}$，倒角处为 $\sqrt{Ra\ 6.3}$，其余 $\sqrt{Ra\ 3.2}$。

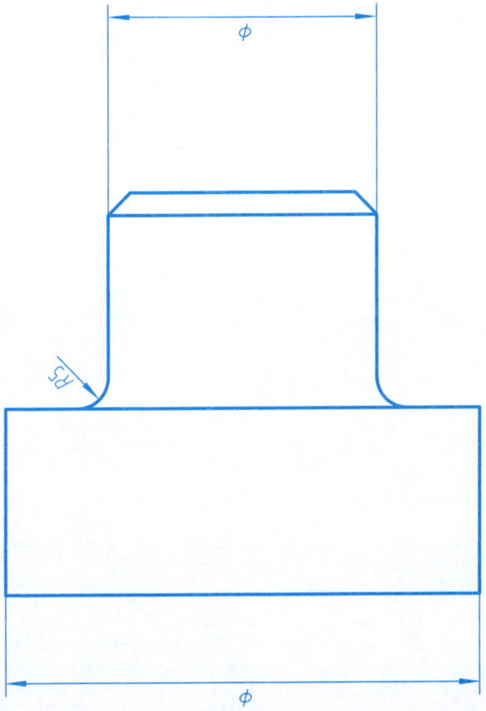

班级		姓名		学号		成绩	

2. 根据图示配合尺寸查表填空。

（1）$\phi 32\frac{H6}{r5}$中$\phi 32$表示________；H表示________；6表示________；r表示________；5表示________；此配合是________制________配合。

（2）查表写出$\phi 20\frac{H7}{f6}$配合中下列数值

孔：最大极限尺寸为________；

最小极限尺寸为________；

上极限偏差=______，下极限偏差=______，

公差为________。

（3）轴：最大极限尺寸=____________；

最小极限尺寸=____________；

上极限偏差=____________；

下极限偏差=____________；

公差=____________。

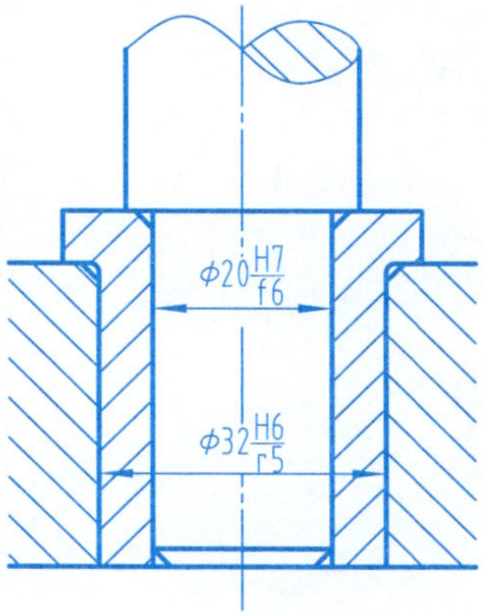

3. 标注轴孔的直径、公差代号和偏差制，并标明两配合为哪种配合制。

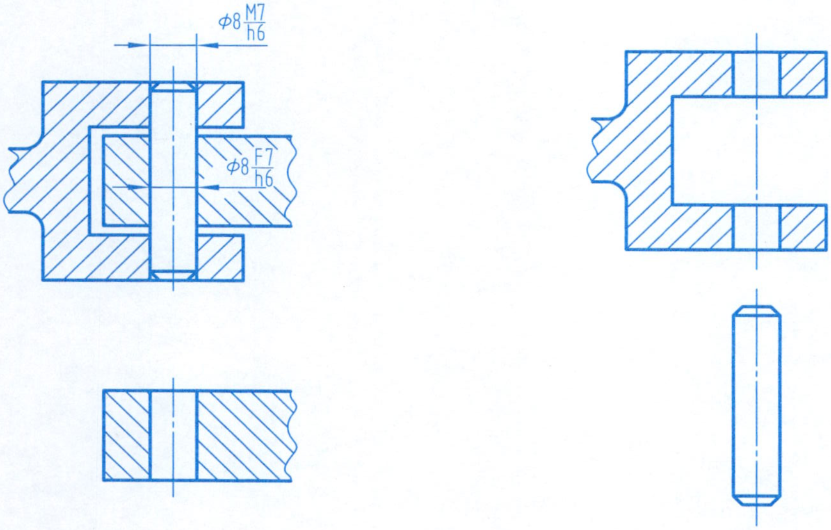

班级		姓名		学号		成绩	

4. 解释符号的含义。

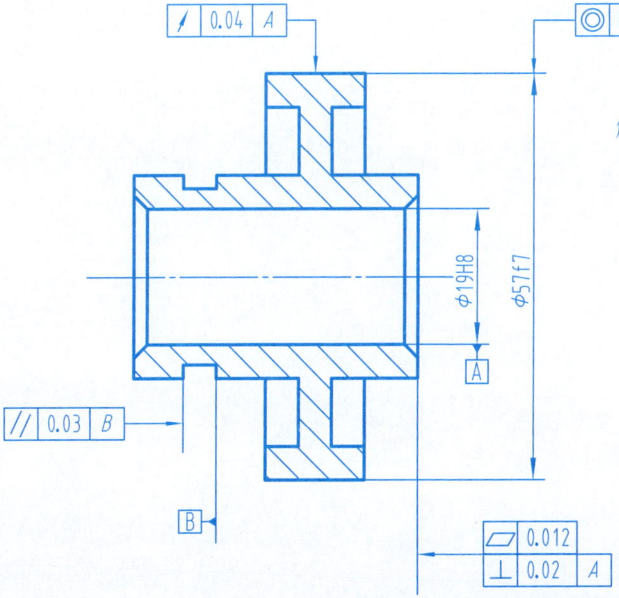

解释下列符号的含义:

// 0.03 B ____________________

↗ 0.04 A ____________________

◎ 0.04 A ____________________

▱ 0.012 ____________________

⊥ 0.02 A ____________________

班级		姓名		学号		成绩	

5. 找出正确的断面图，在括号内正确的划“√”，错误的划“×”。

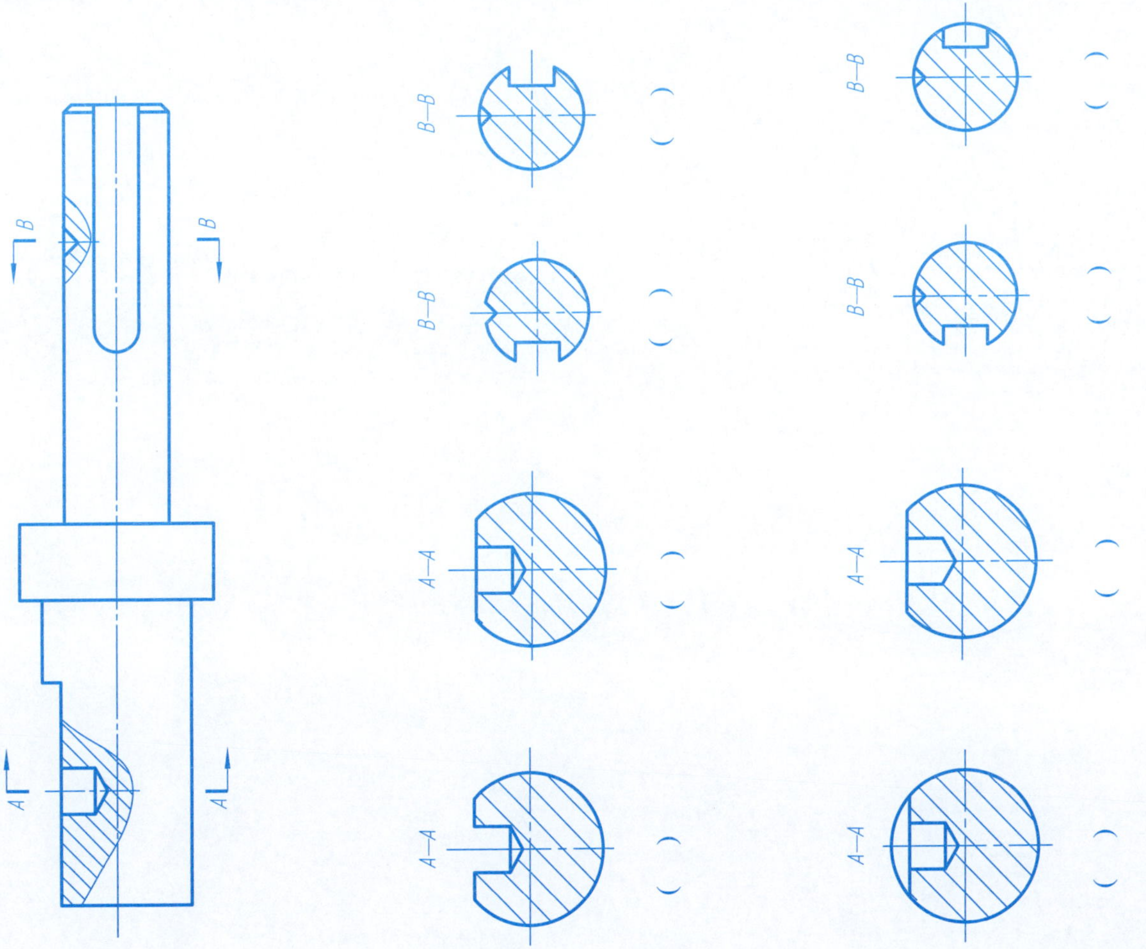

班级		姓名		学号		成绩	

6. 在指定位置画出移出断面图，并作出正确的标注（剖面线与主视图要一致）。

（1）

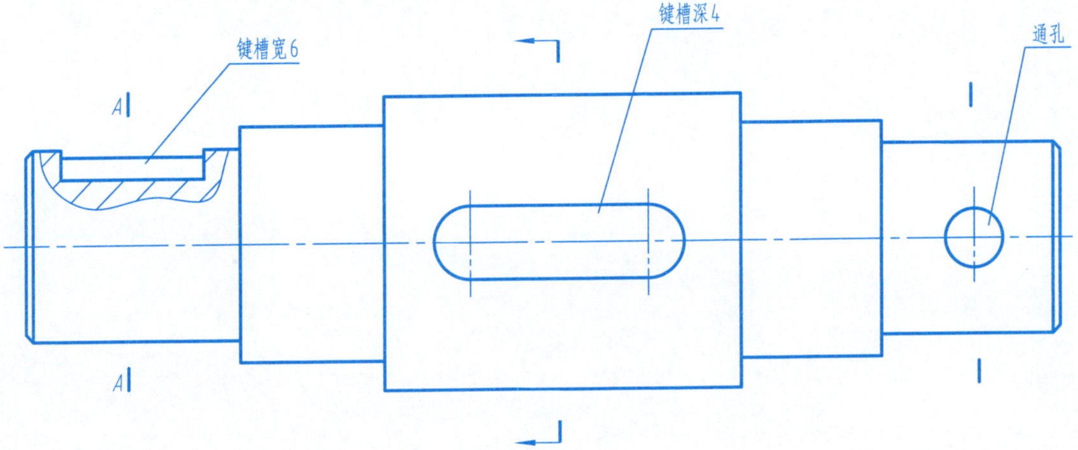

班级		姓名		学号		成绩	

(2)

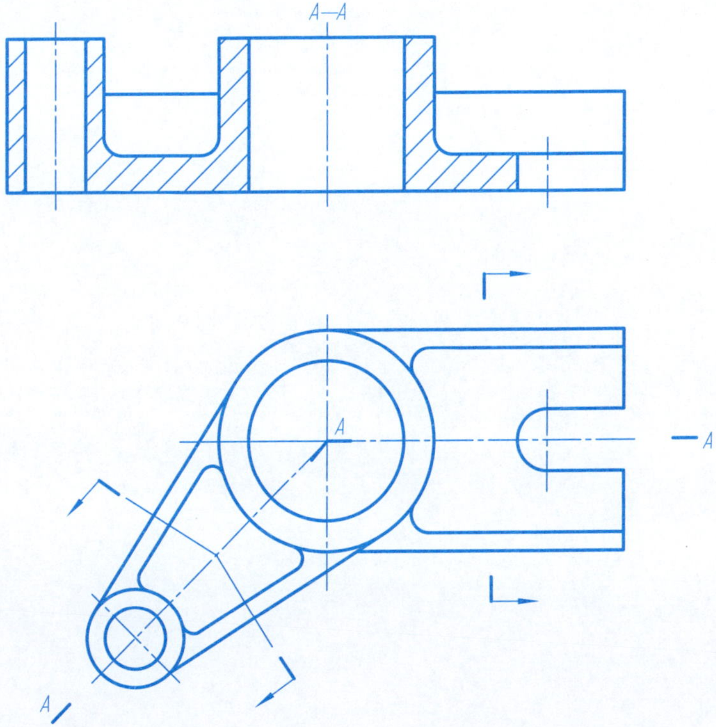

班级		姓名		学号		成绩	

7. 绘制下面输出轴的零件图，并用AutoCAD作出实体造型。

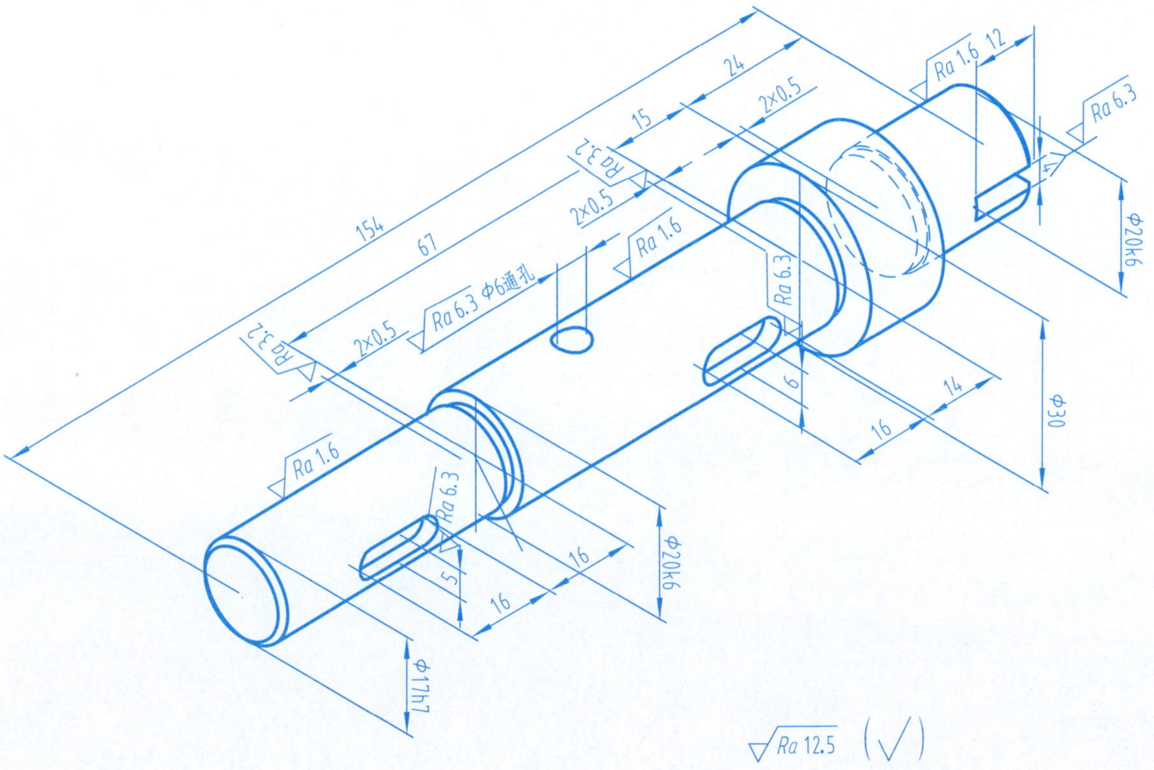

技术要求

1. 去除毛刺。
2. 热处理：淬火40~45HRC。

材料：45

班级		姓名		学号		成绩	

1. 补画机件内、外表面缺、漏的图线。

(1)

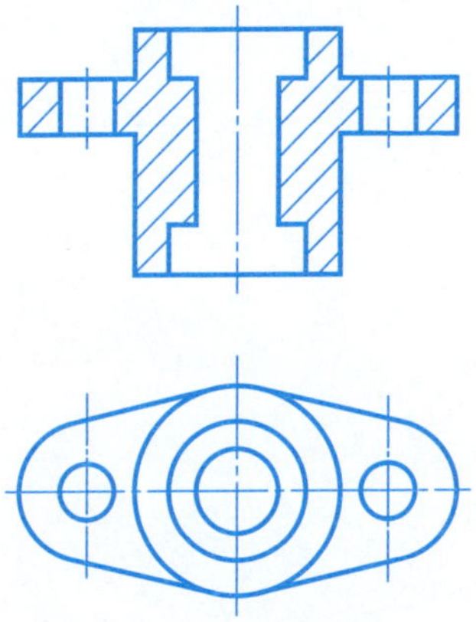

(3)

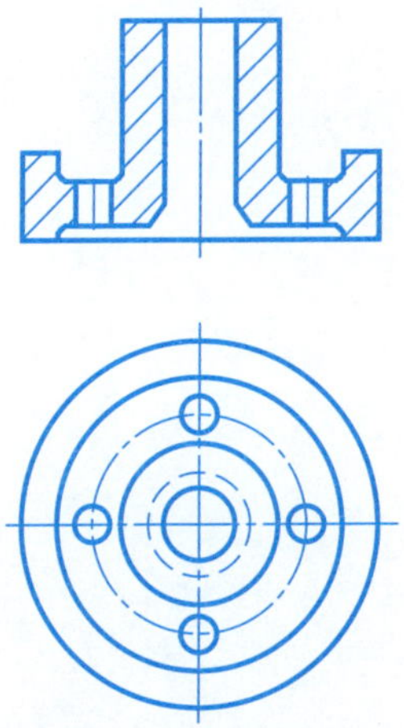

(2)

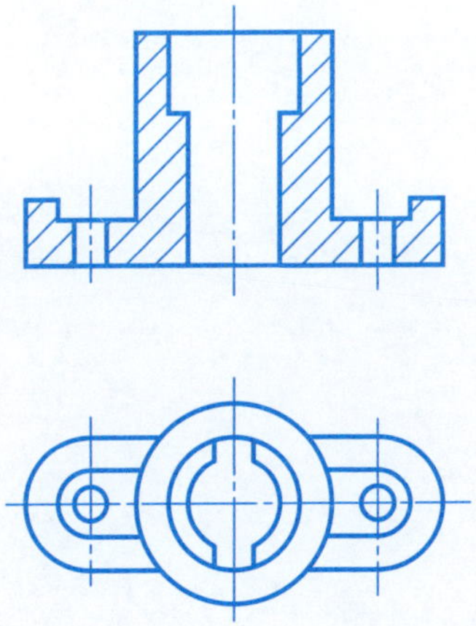

(4)

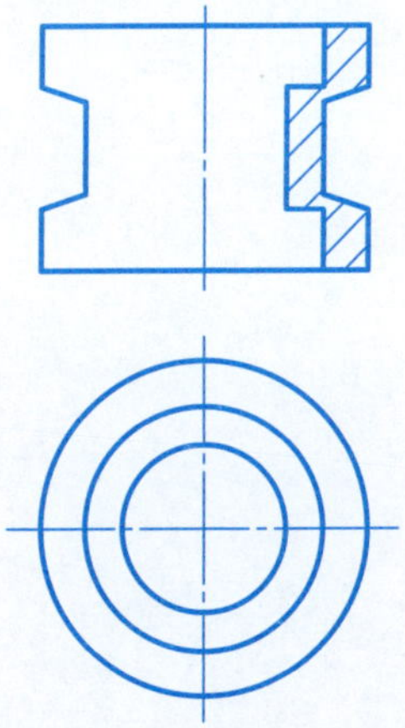

班级		姓名		学号		成绩	

(5)

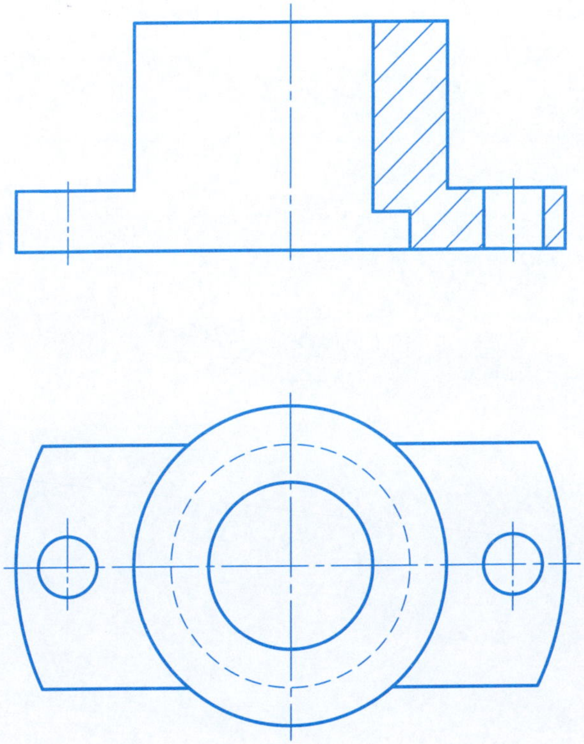

(6)

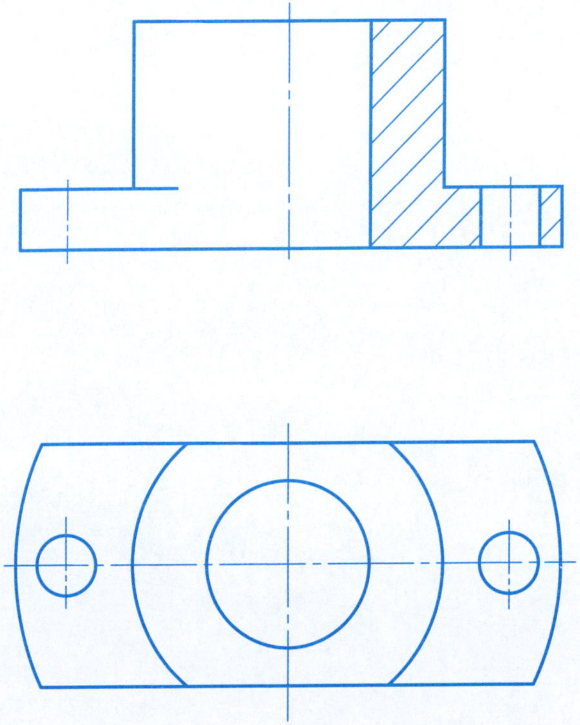

班级		姓名		学号		成绩	

2. 补画全剖左视图。

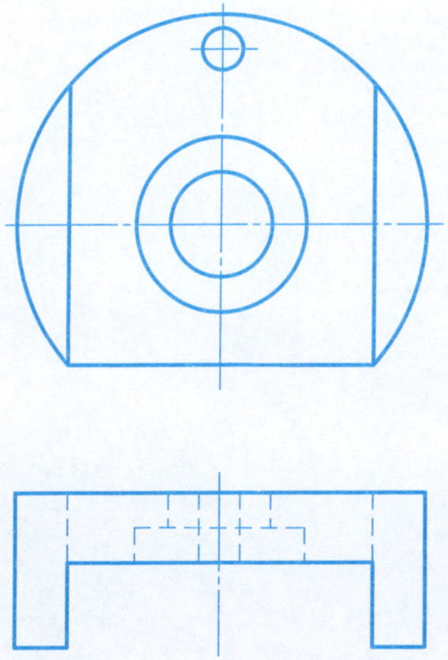

3. 将主视图改画为全剖视图。

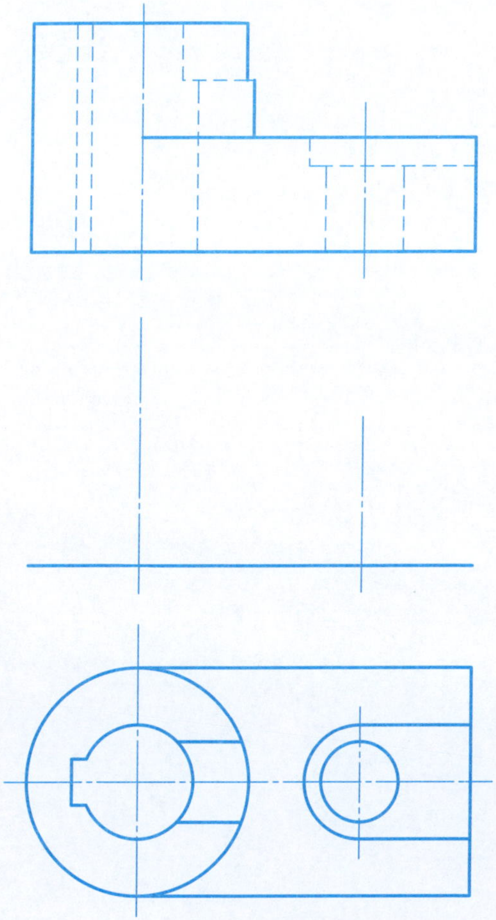

班级		姓名		学号		成绩	

4. 将主视图改为半剖视图。

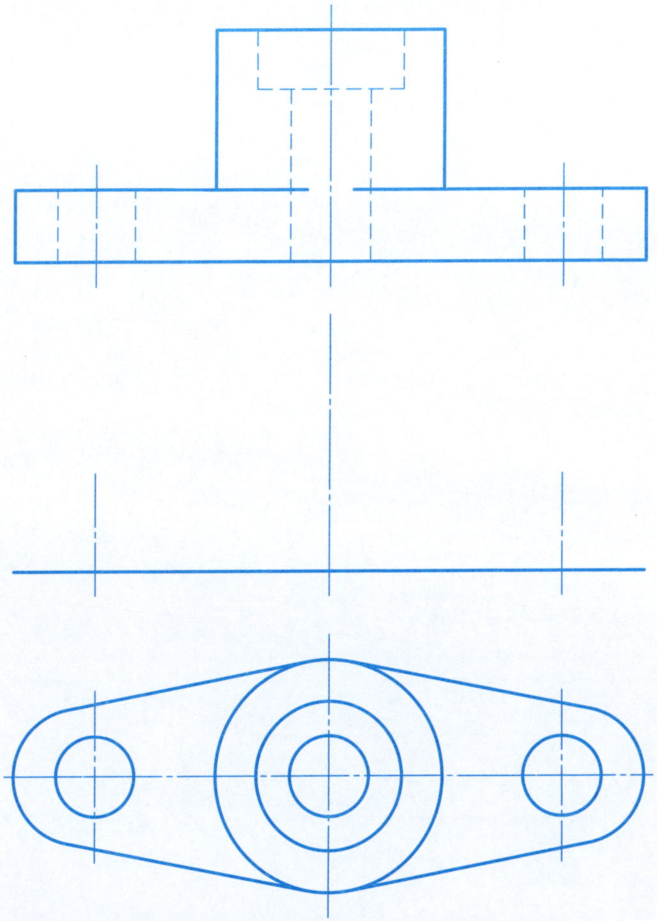

5. 补画半剖视左视图。

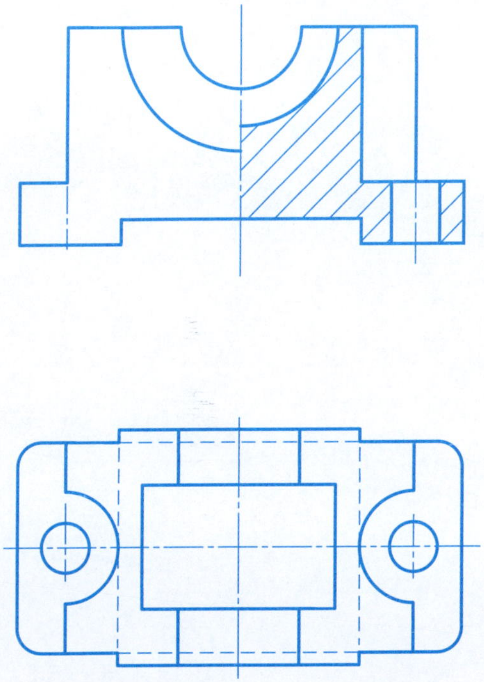

班级		姓名		学号		成绩	

6. 将主视图、俯视图改为半剖视图。

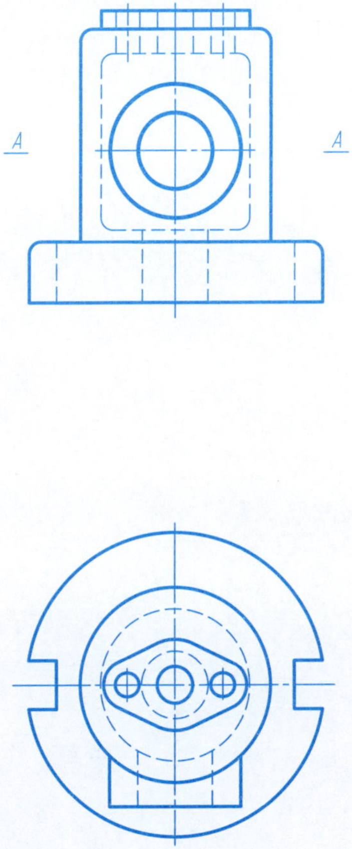

班级		姓名		学号		成绩	

7. 用半剖方法表达下图机件。

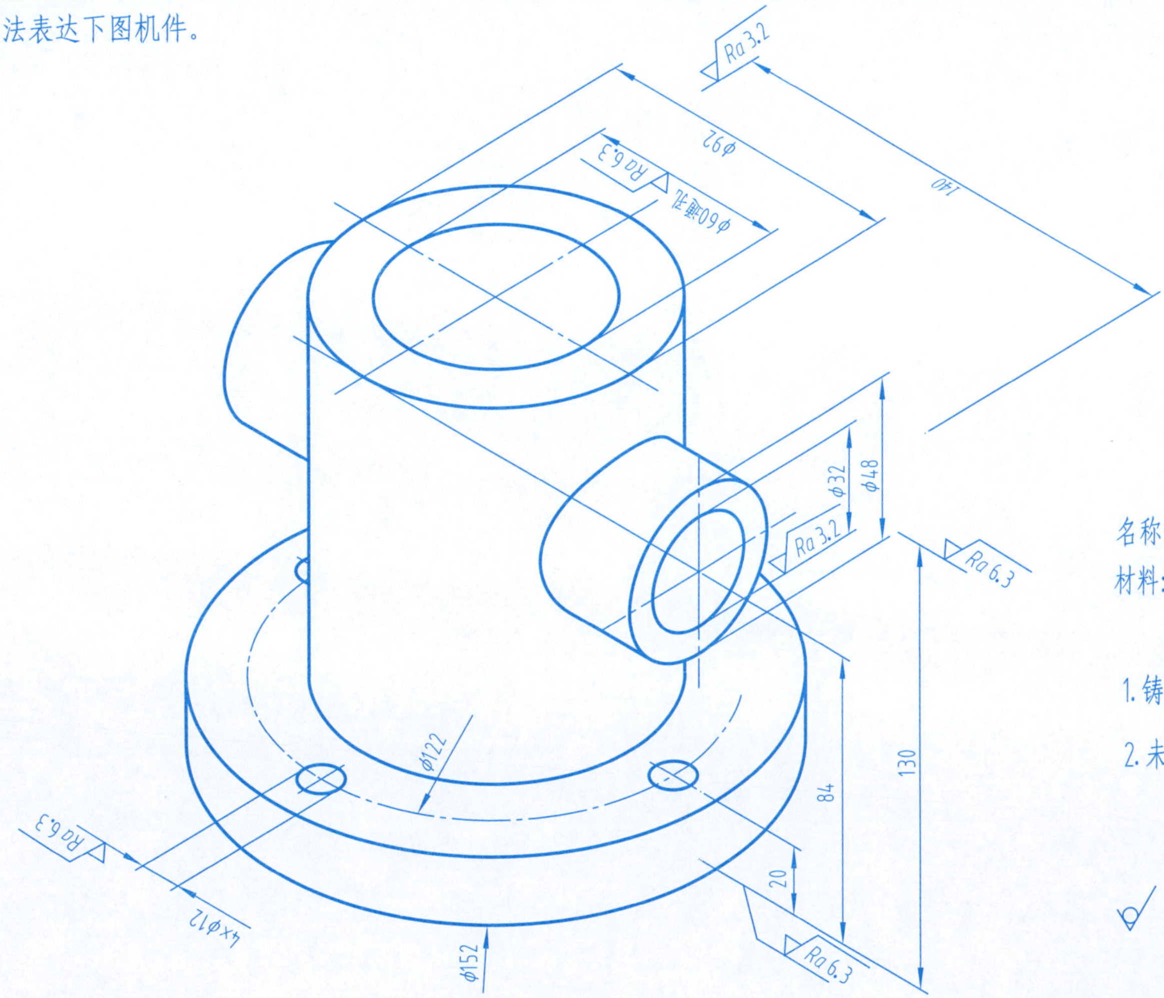

名称：多通接头体

材料：HT150

技术要求

1. 铸件进行时效处理。

2. 未注圆角$R2$。

√ (√)

班级		姓名		学号		成绩	

1. 将主、俯视图画成适当的局部剖视图（一）。

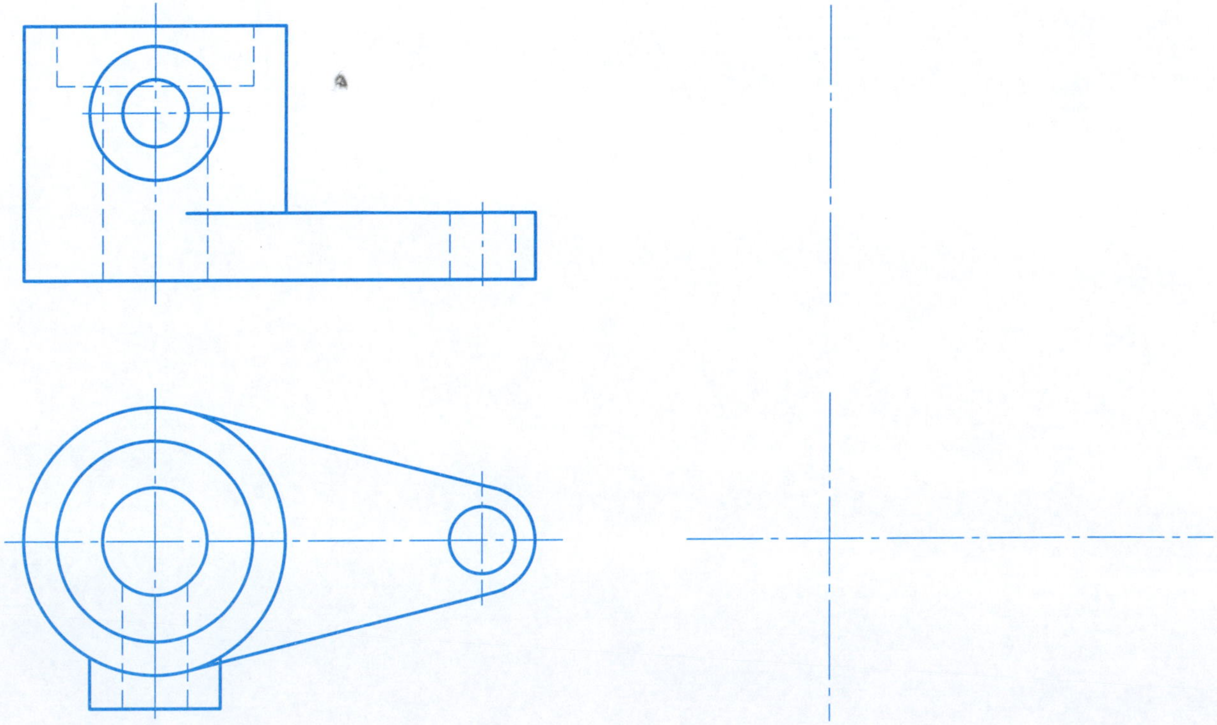

班级		姓名		学号		成绩	

2. 将主、俯视图画成适当的局部剖视图（二）。

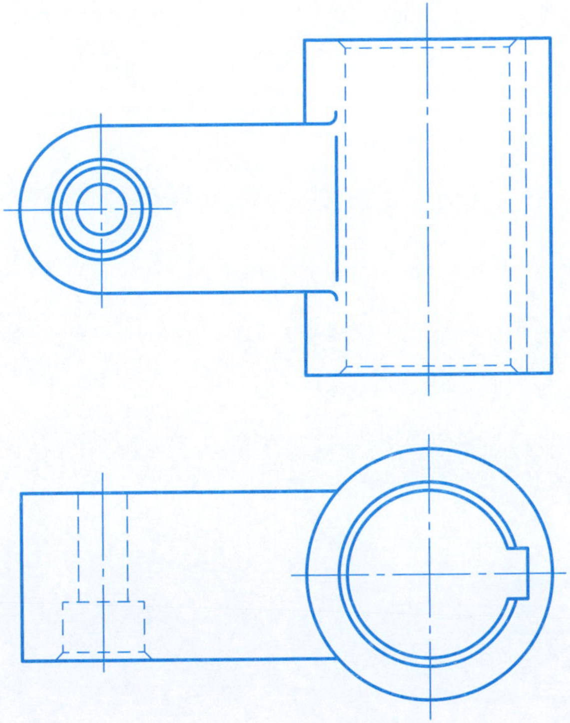

班级		姓名		学号		成绩	

3. 抄画该零件图并实体造型。

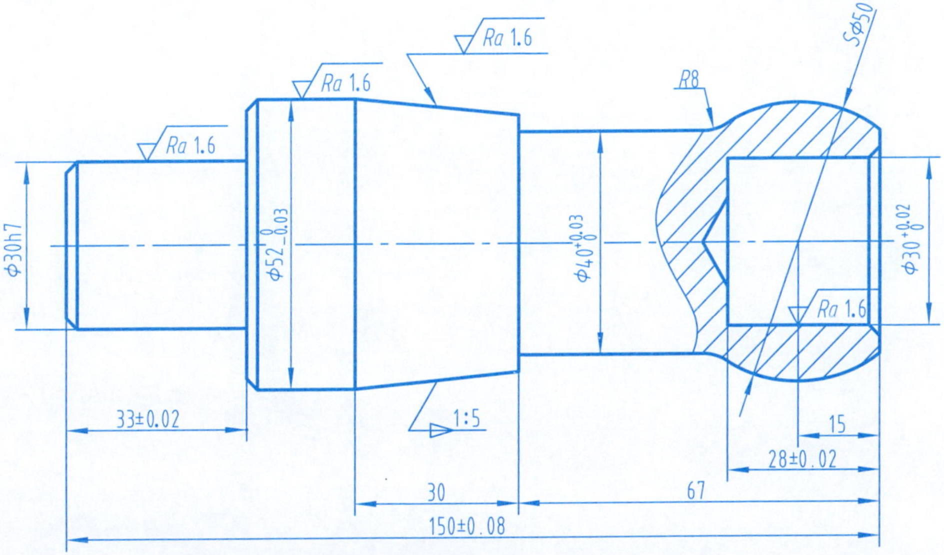

未注倒角C2。

材料:45

$\sqrt{Ra\ 3.2}$ ($\sqrt{Ra\ 1.6}$)

班级		姓名		学号		成绩	

1. 用两相交平面剖切的方法画出主视图，并标注剖切符号。

班级		姓名		学号		成绩	

2. 用两相交平面剖切的方法画出主视图，并标注剖切符号。

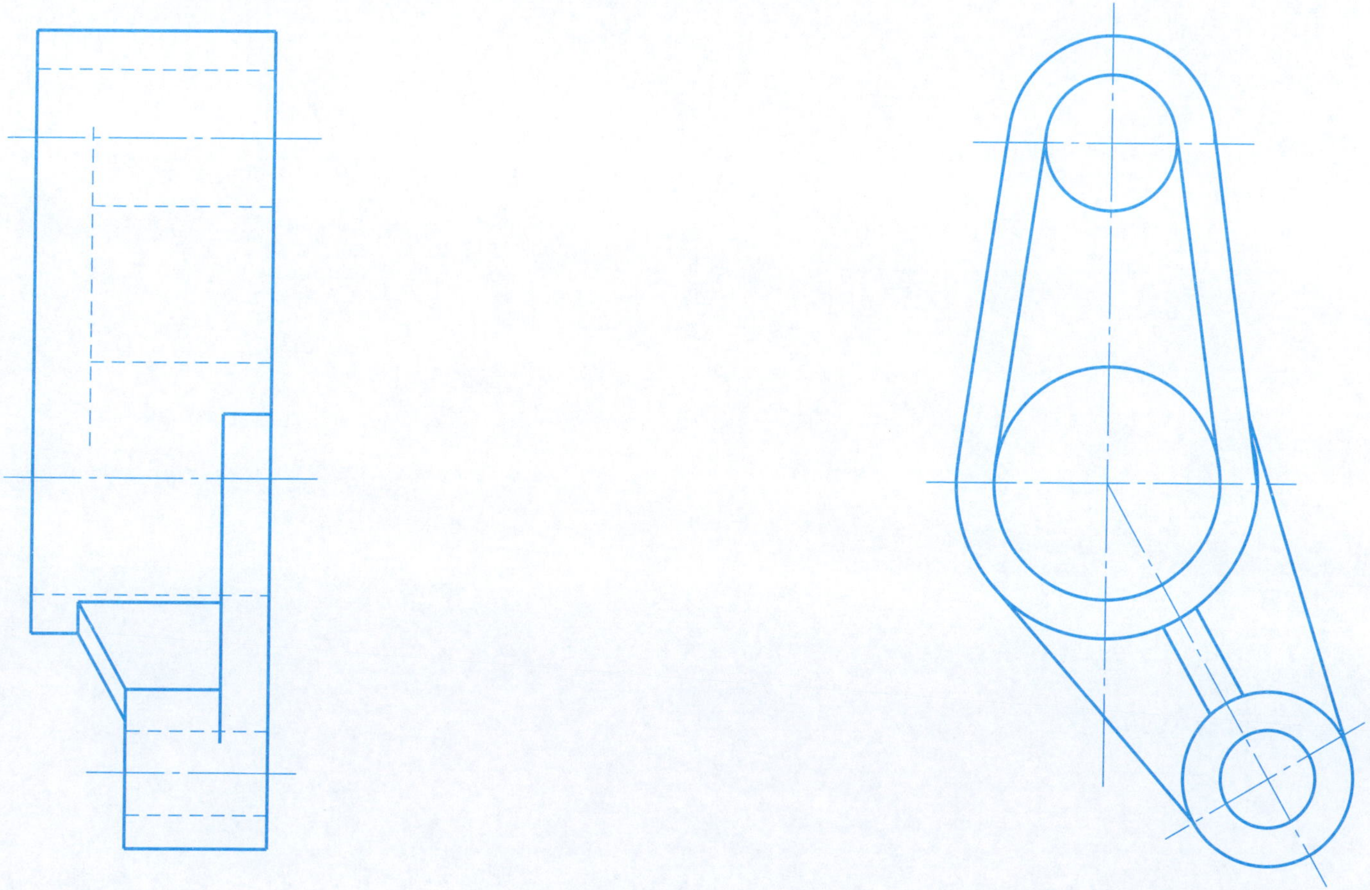

班级		姓名		学号		成绩	

3. 将主视图用几个平行的剖切平面剖切，画在指定的位置，并标注剖切符号。

（1）

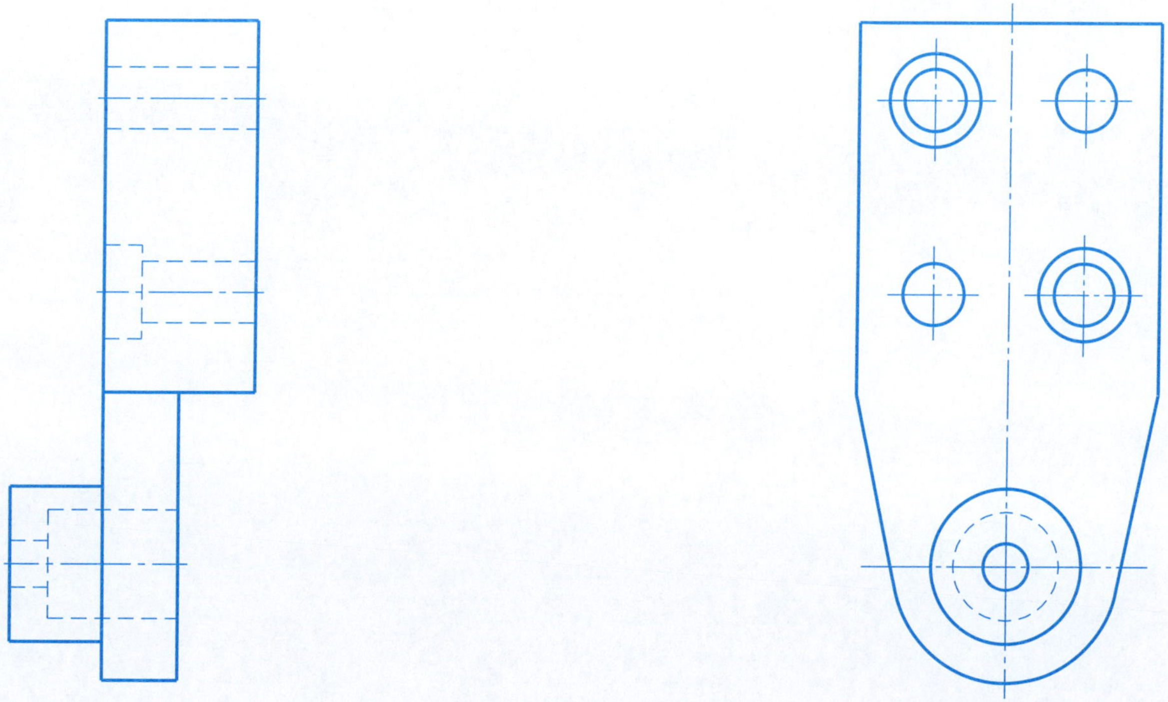

班级		姓名		学号		成绩	

（2）

班级		姓名		学号		成绩	

4. 作A—A的全剖视图。

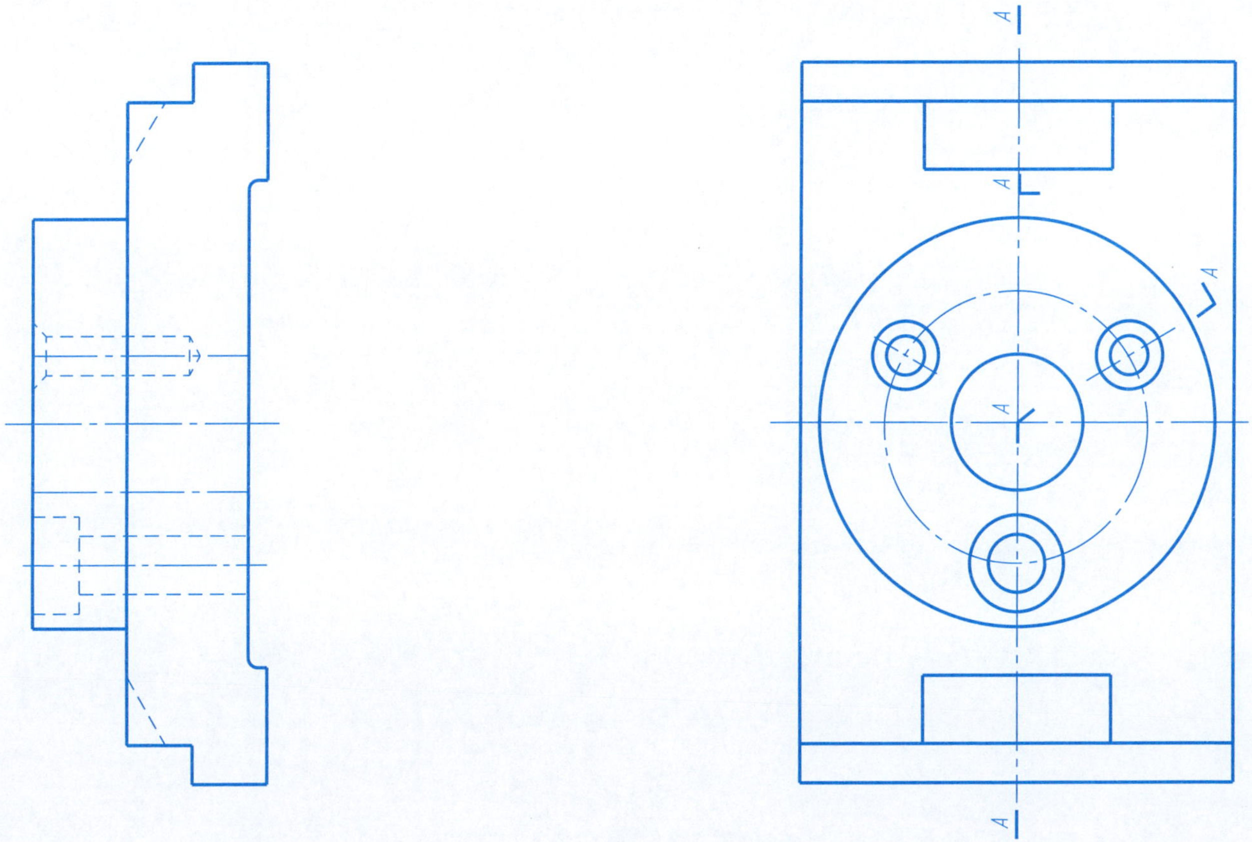

班级		姓名		学号		成绩	

5. 读该零件图，补画右视图并应用AutoCAD实体造型，解释云线标示尺寸的含义。

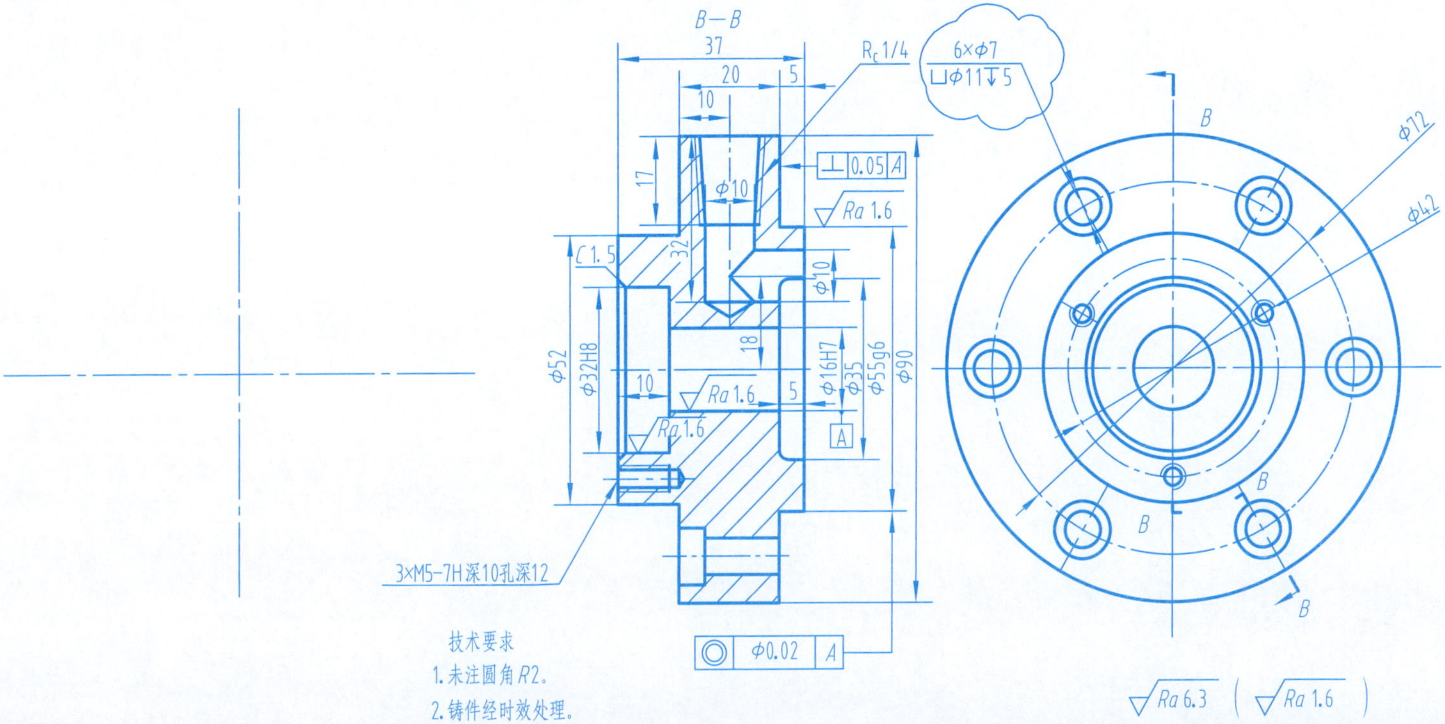

端盖			材料	HT150	比例	1:1
			数量	1	图号	02-03
制图		学号		机电工程学院		
审核		成绩				

班级		姓名		学号		成绩	

1. 将指定部位，按2:1的比例放大画出。

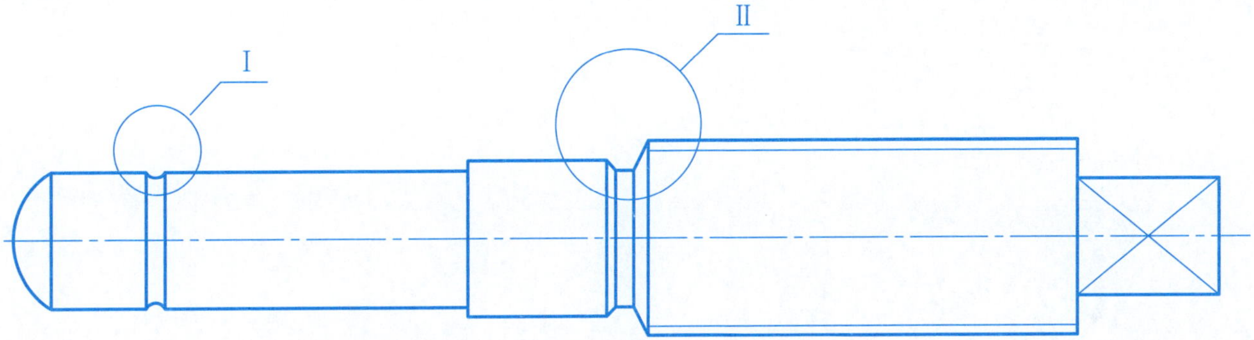

班级		姓名		学号		成绩	

2. 改错，在右边相应的位置画出正确的主视图（取全剖视）。

（1）

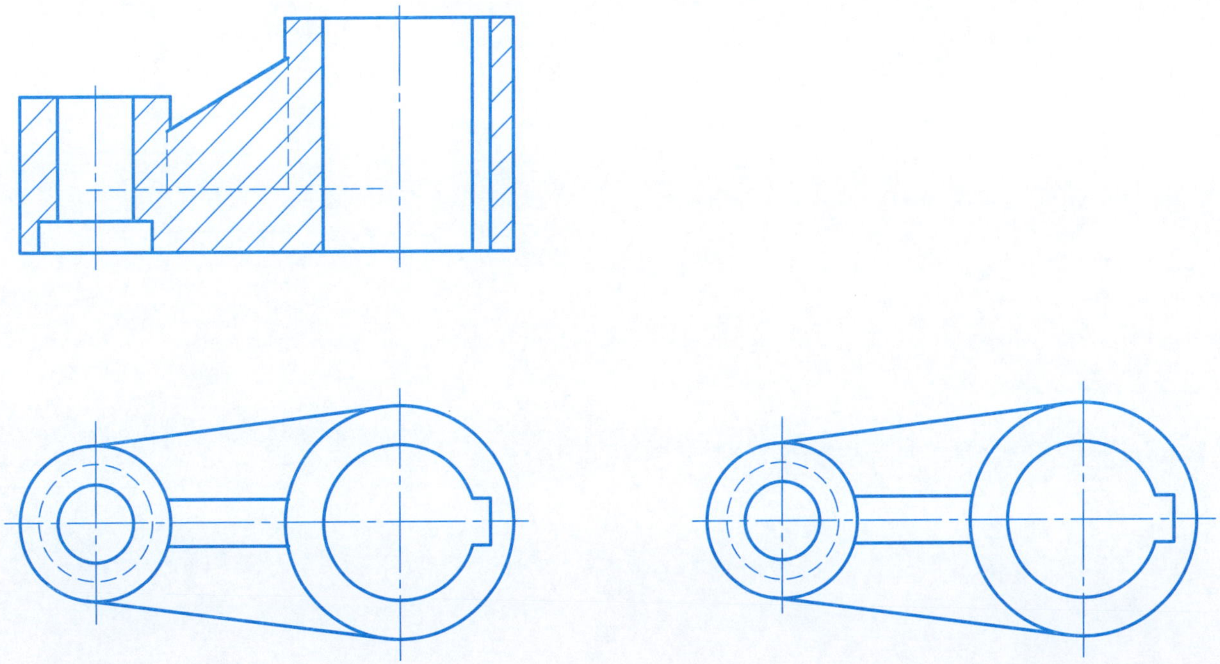

班级		姓名		学号		成绩	

(2)

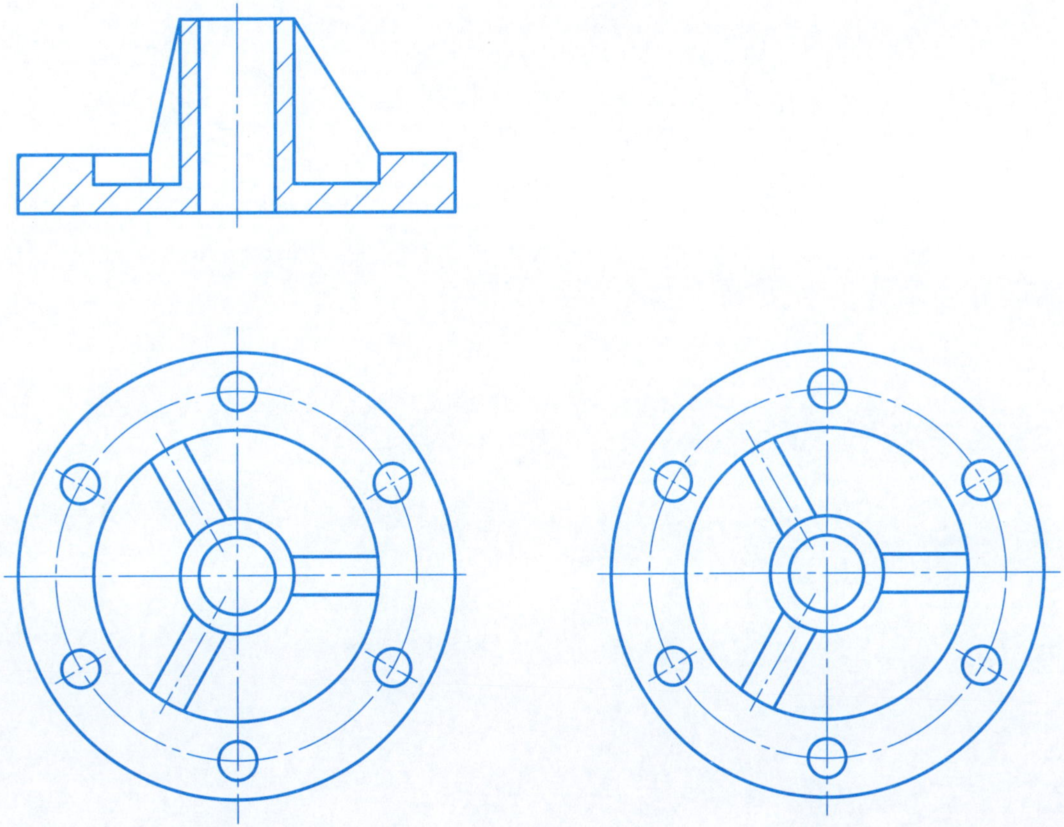

班级		姓名		学号		成绩	

3. 用AutoCAD绘制下图漏盘零件图与实体造型。

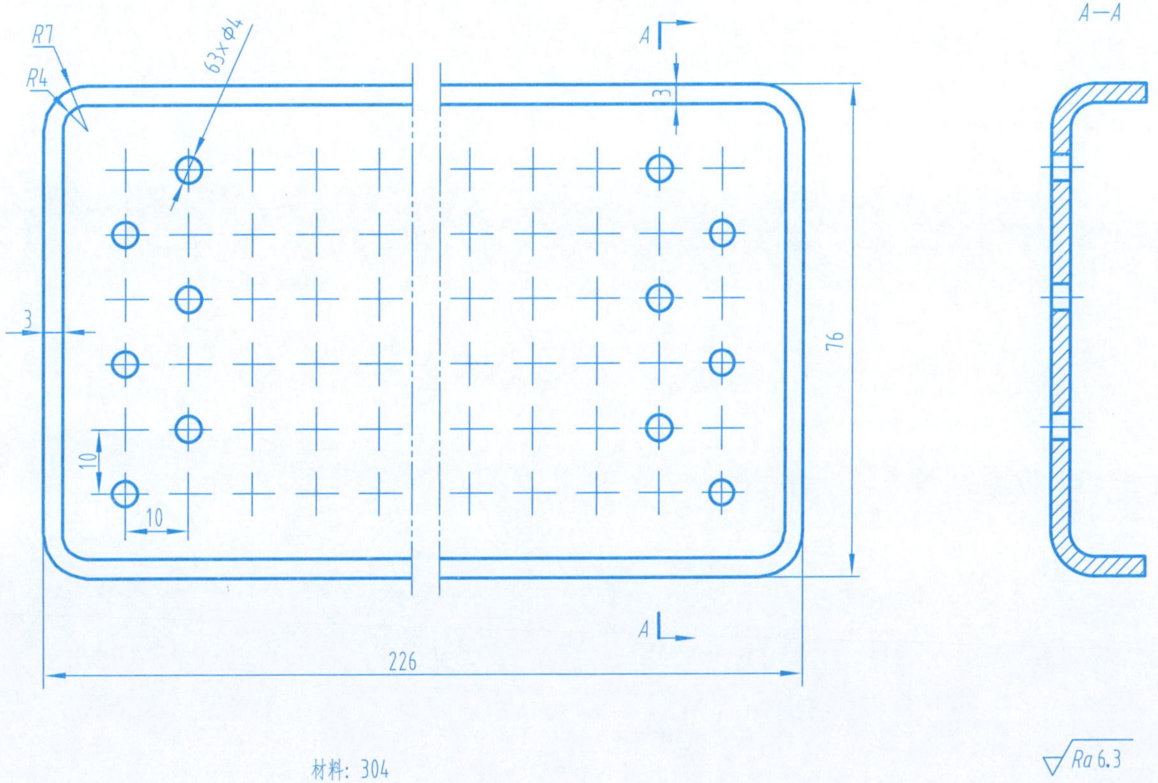

材料：304

班级		姓名		学号		成绩	

1. 改正下列外螺纹画法中的错误，将正确的画在下边。

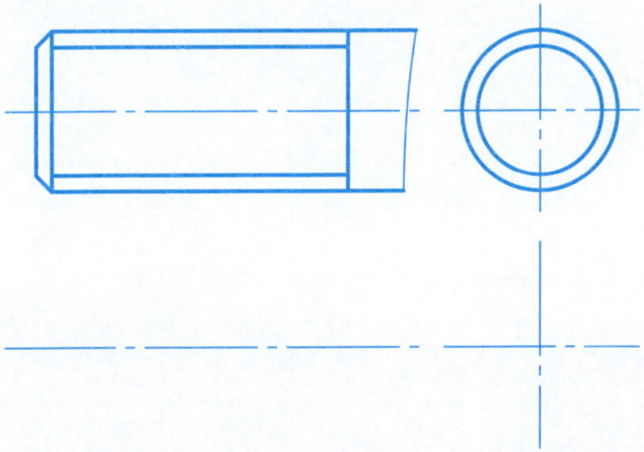

2. 改正下列内螺纹画法中的错误，将正确的画在下边。

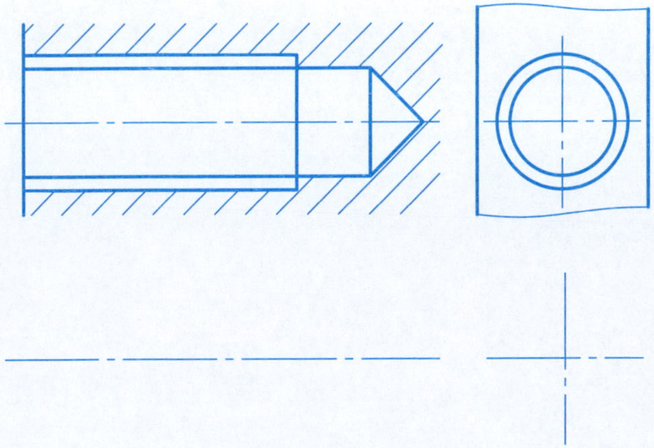

3. 画出内、外螺纹啮合的全剖视图（将题1的M24螺杆拧入题2的螺孔中，拧入深度20mm）。

班级		姓名		学号		成绩	

4. 改正下列螺栓连接画法中的错误，将正确的画在右边。

(1)

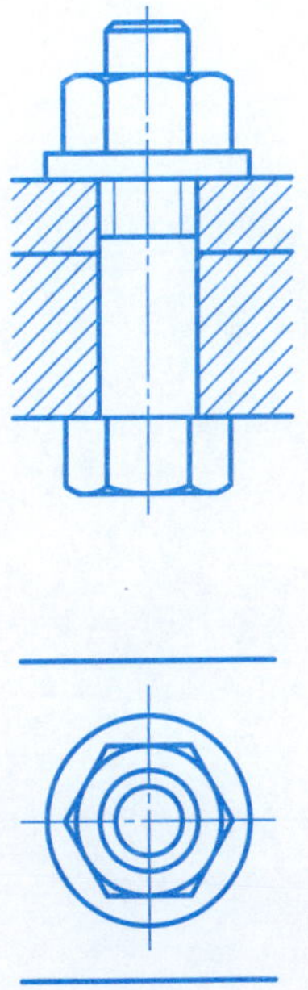

(2)

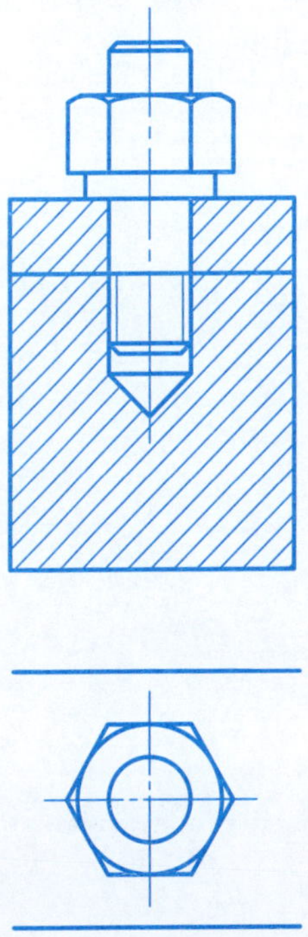

班级		姓名		学号		成绩	

5. 改正下列螺钉连接画法中的错误。

(1)

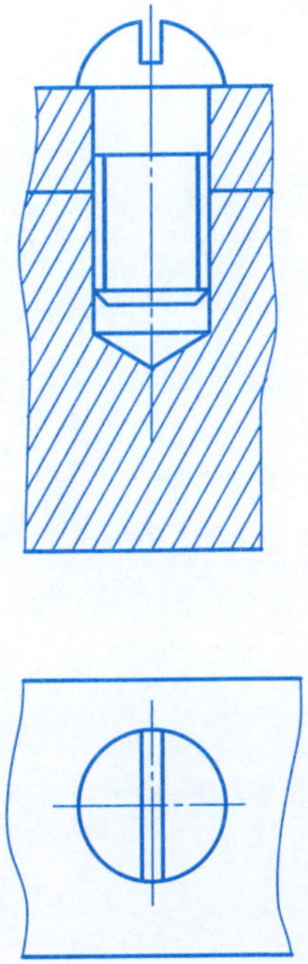

(2)

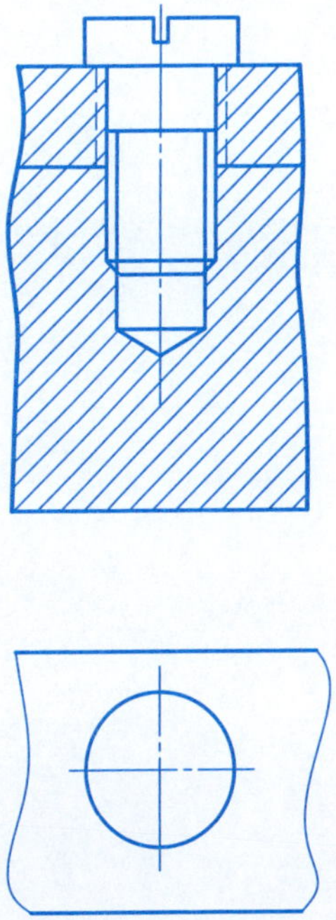

班级		姓名		学号		成绩	

7.螺纹标记练习。

(1)解释下列各螺纹代号的含义。

M10-6H-LH

M24-5g6g-s

Tr40×14(P7)LH

G3/8A

B32×6-7g

Rc3/4

M24×2-5G6G-40

(2)根据要求标柱螺纹的尺寸。

粗牙普通螺纹，大径20mm，左旋，中径、顶径的公差带代号均为5g，长旋合长度。

用螺纹密封的圆锥管螺纹，尺寸代号为3/4。

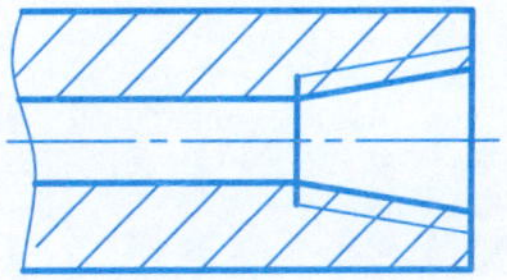

班级		姓名		学号		成绩	

7.螺纹紧固件的装配图画法练习（AutoCAD绘图训练）。

请用简化画法在3号图纸上按要求画出螺纹连接件的装配图画法。

（1）螺柱连接

1）螺柱　GB/T 899—88 M20×l（l计算后圆整）
2）螺母　GB/T 6170—2000 M20
3）垫圈　GB/T 93—87　20
4）机座材料：铸铁
5）机盖厚25mm，机座厚70mm

（2）螺栓连接

1）螺栓　GB/T 5782—2000 M20×l（l计算后圆整）
2）螺母　GB/T 6170—2000 M20
3）垫圈　GB/T 97.1—2002　20
4）机盖厚28mm，机座厚33mm

（3）螺钉连接

1）螺钉　GB/T 68—2000 M20×l（l计算后圆整）
2）机盖厚25mm，机座厚80mm

班级		姓名		学号		成绩	

8.补画左视图，并将主、左视图作适当的剖视（M1:1，用A3号图幅），分析该箱体零件各面的特点，确定选取合适的表面粗糙度值，完成零件图绘制，并应用AutoCAD完成该件实体造型。

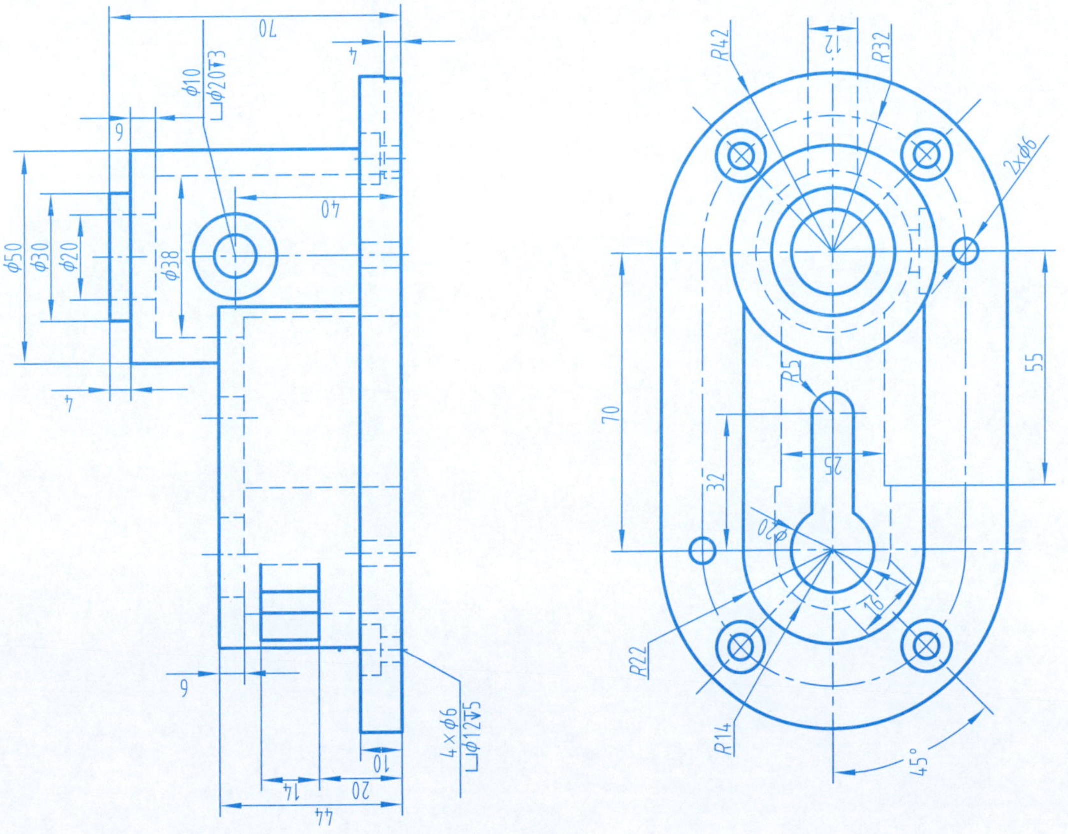

班级		姓名		学号		成绩	